MW01165459

FOLIO
JUNIOR

Christine Féret-Fleury

Les cendres de Pompéi

Journal d'une esclave
an 79

GALLIMARD JEUNESSE

À l'époque de Briséis, le calendrier romain était en vigueur. Les années sont décomptées depuis la fondation de Rome ou de l'arrivée au pouvoir de l'empereur. Les jours s'appellent Ides, Calendes, Nones…

Toutefois, pour faciliter la compréhension du récit, nous avons préféré adopter le calendrier chrétien.

27 juillet

L'odeur du pain juste sorti du four...

Je ne voulais pas me réveiller. Roulée en boule sur ma paillasse, j'ai appuyé mes poings sur mes paupières, si fort qu'un rouge brûlant a remplacé les douces ténèbres du sommeil.

Elissa, ma nourrice, disposait les miches dorées sur un linge. La croûte craquante laissait s'échapper un parfum délicieux. Bientôt, elle m'apporterait un morceau de pain frais, avec du miel et un pot de lait de chèvre...

« Briséis, ma perle, ouvre les yeux... Le soleil est déjà haut! Il est temps de te lever! »

Le soleil dorait les vignes de notre modeste domaine, caressait les épis de blé, dansait en mille reflets dans l'eau de la fontaine. Mon père houspillait un jeune pâtre qui avait laissé s'échapper l'une des bêtes confiées à sa garde. Ma mère avait déjà pris place derrière son grand métier à tisser, qui lui permettait de confectionner elle-même les vêtements de la famille et des serviteurs. Hélène, ma sœur aînée, s'apprêtait dans une autre pièce du gynécée; sans doute confiait-elle à son miroir un émoi naissant.

Dymas, le beau Dymas, lui avait souri alors qu'elle sortait du temple de Déméter, où elle venait de porter des offrandes...

La vie. *Ma* vie.

– Allez, debout, paresseuse !

Un pied a heurté mes côtes – pas trop fort. Idea se met rarement en colère avant la sixième heure. Le soir, il lui arrive d'abuser du falerne ou du vin de Sorrente, quand elle peut mettre la main sur une jarre débouchée par un client et abandonnée pour d'autres plaisirs : mieux vaut alors ne pas traîner à proximité. J'ai appris à me garer de ses coups, comme j'ai appris à me nourrir des restes qu'on me laisse, à trouver, pour dormir, un coin tranquille, à me boucher les oreilles pour ne pas entendre les bruits de l'étage.

À survivre.

– Lève-toi ! Il y a du travail ! Ce porc de Tertius a vomi dans la salle, aux petites heures de l'aube. Tu nettoieras les dégâts. Ensuite, tu iras au marché, je manque de tout... Afrikanus veut que je serve des collations dignes de la maison d'un patricien mais, avec la misérable poignée de sesterces qu'il m'accorde, j'en suis réduite à ramasser les légumes tombés dans le caniveau !

J'ai rangé ma paillasse, sans relever ce que cette déclaration avait d'outré. Idea règne en maîtresse ici, et Afrikanus se montre plus que généreux dans ses subsides, tant il craint ses foudres et sa langue acérée. Si la cuisine n'est pas à la hauteur des prétentions du propriétaire, c'est que la cuisinière rogne sur tout, la farine et le garum (cette sauce de poisson dont les gens, ici, raffolent), les épices, la viande : Idea fait des économies pour s'acheter une petite maison en ville, peut-être même une taverne où elle vendra du vin et des plats chauds – et les faveurs de sa servante.

Je déteste Idea. Hier, j'ai creusé un trou dans le potager où elle fait pousser ses herbes aromatiques, derrière les cuisines. J'ai collé ma bouche à la terre et j'ai chuchoté les pires injures dont j'ai pu me souvenir sur le moment, en grec et en latin. Dans ce domaine, ma connaissance du latin a beaucoup évolué ces derniers temps…

Matin

En me rendant aux latrines, j'ai découvert une petite tache de sang sur ma *stola*. Une sueur glacée m'a inondée ; prise d'une faiblesse, j'ai dû m'appuyer contre le mur malpropre.

Ainsi, l'événement que je redoute depuis des années a fini par se produire. Je suis devenue femme ! Pour la plupart des jeunes filles libres, cette étape de leur vie est marquée par des présents et des fêtes : pour moi, esclave, elle signifie le début d'un esclavage pire encore.

Vite, j'ai frotté le tissu à l'eau froide, je me suis

lavée et protégée avec les linges que j'ai mis de côté il y a quelque temps, dissimulés sous une pierre plate contre le mur nord des latrines. Je ne sais pas comment je réussirai à en changer, encore moins à les nettoyer sans que l'une des filles d'Afrikanus me surprenne. Spendusa, en particulier, occupe ses loisirs à épier les habitants de l'*insula* et à colporter des ragots. Si elle me dénonce, je suis perdue.

Entre la quatrième et la cinquième heure
Spendusa m'a vue sortir, mon panier au bras.

– Tu as mauvaise mine, Cadia, m'a-t-elle lancé. Ton amant te délaisse ? Ou as-tu honte qu'on te voie devant cette maison ?

Cadia. C'est le nom qu'on me donne ici, mon nom d'esclave – Cadia, « la précieuse » : quelle ironie ! Chaque jour, je me répète mon vrai nom, Briséis. Pour ne pas oublier qui je suis. Pour ne pas me résigner à mon sort.

Jamais.

Spendusa a raison sur un point : j'ai honte d'appartenir au patron du plus grand lupanar de Pompéi. Quand je vais au marché, je tire mon châle sur mon visage et je presse le pas, les yeux baissés pour ne pas voir la fresque représentant le dieu Priape, qui signale l'entrée de la maison de prostitution. J'attends d'avoir tourné le coin de la rue pour relever la tête et observer ce qui m'entoure,

12

même si j'évite le regard des passants ; j'y ai trop souvent lu de la concupiscence, du dégoût ou de la pitié. « Tiens, c'est la petite esclave d'Afrikanus, la musicienne. Elle joue, dans les banquets, de la lyre et de l'*aulos*, et danse au rythme des crotales. Nul doute que, pour satisfaire son maître, elle cultivera bientôt d'autres talents, si ce n'est déjà fait. » Ces phrases sifflent à mes oreilles comme les serpents que le fameux héros Héraclès étouffa dans son berceau, et je dois mordre l'intérieur de mes joues pour empêcher mes larmes de couler. Un esclave peut sans doute s'habituer aux coups, à la faim, à la fatigue : mais à l'humiliation ? Le jour où les insultes me laisseront indifférente, j'aurai perdu ma dernière parcelle de liberté.

Le spectacle du marché me distrait ; les bruits, les couleurs, les odeurs bercent ma peine et l'endorment. Depuis le dernier tremblement de terre, qui a détruit un grand nombre de maisons et de bâtiments publics, le marché a lieu dans les rues et sur les places : la reconstruction du *macellum*, le grand marché, n'est pas achevée, le *forum holitorium*, où l'on vend les légumes, attend toujours sa toiture neuve. De nombreux citoyens protestent contre la lenteur des travaux, mais il leur faut faire contre mauvaise fortune bon cœur. Les marchands, pour réserver leur emplacement, paient la taxe, d'autres s'installent où ils peuvent, dans un renfoncement, sous une arcade. L'un propose des chaussures, l'autre des rubans et des bijoux, une jeune fille présente des fleurs et des fruits dans des corbeilles joliment tressées. Un charmeur de serpents joue de la flûte, un barbier arrache en plein vent les dents de ses patients. Plus loin, on trouve des jarres d'huile et de vin, des figues, des raisins, des pâtisseries, des fromages, des loirs confits dans la graisse, mais aussi des moutons sur pied qui assourdissent les passants de leurs bêlements terrifiés. Un esclave a posé un chaudron de ragoût sur un brasero et remplit les écuelles de ses clients ; il propose aussi des brochettes grillées et des morceaux de pastèque rafraîchis dans la glace. Dans mon village, je n'ai rien vu de tel !

Les matrones tâtent la marchandise, soupèsent, critiquent, marchandent. De jeunes patriciens fendent la foule et jettent parfois une piécette à un mendiant. Le luxe qu'ils étalent – tuniques écarlates retenues par de précieuses *fibulae*, ceintures brodées, bagues – paraîtrait déplacé en Grèce, mais ici chacun se croit obligé de montrer sa prospérité. Même la femme du boulanger porte des boucles qui ne dépareraient pas les oreilles d'une riche propriétaire. Partout, je ne vois que *stolae* aux couleurs vives, châles bordés de franges, mousselines et soies, pièces de lin plissées de haut en bas, byssus azurés, résilles ornées de perles. Il n'est pas difficile de suivre ces belles dames à la trace, car les parfums dont elles s'inondent sont si forts qu'ils éclipsent même les odeurs tenaces de poisson !

Je remplis mon panier, attentive à obtenir chaque denrée au meilleur prix. Le pain, l'huile, les oignons, quelques mesures d'épeautre, du boudin, des légumes, des olives au fenouil, et ces dattes dont les visiteurs sont friands : je n'ai déboursé que quinze sesterces et un as, le prix d'une tunique ordinaire. Idea sera satisfaite. La vie n'est pas trop chère à Pompéi, et même les plus pauvres peuvent contenter leur faim. Mais bien des familles s'entassent à huit ou neuf dans des logements exigus : deux pièces sous les toits, glacées en hiver, étouffantes en été. C'est pourquoi les Pompéiens, hommes, femmes, enfants, vivent dans la rue, bavardant, négociant, échangeant exclamations, insultes et parfois quelques horions. Dans mon pays, les femmes ne se donnent pas ainsi en spectacle. Elles restent confinées dans le gynécée, filent, tissent et commandent aux servantes. Je ne suis pas encore habituée à les voir ainsi, dévoilées, se mêler à la foule, participer aux fêtes, parler haut et s'affirmer les égales des hommes. La prêtresse Eumachia possède même un vaste édifice près du forum, où l'on vend la laine à l'encan, et les foulons lui ont élevé une statue !

Je les envie, ces femmes qui connaissent le goût de la liberté…

29 juillet

Afrikanus a encore loué mes services pour un banquet – cette fois, le repas aura lieu chez Quintus Poppaeus, qui s'enorgueillit de sa parenté avec Sabina Poppaea, seconde épouse de Néron. Sa demeure se trouve à deux rues d'ici, non loin du temple d'Isis.

– Ce fou voulait fêter la fin des travaux d'embellissement de sa maison, a déclaré Afrikanus. Il a compté trop juste : les ouvriers sont si paresseux, de nos jours ! Ses bains ne sont pas achevés, des amphores pleines de plâtre encombrent sa cuisine, mais il n'a pas voulu changer la date – par pure superstition ! Tu mettras ta *stola* neuve, Cadia, et tâche de sourire, pour une fois ! Ces gens paient pour contempler des corps gracieux et des figures agréables, et non cette mine lugubre...

De l'index, il a soulevé mon menton et a tourné mon visage vers la lumière.

– Tu as les yeux cernés. Idea te donne-t-elle assez à manger ?

– Oui, Maître, ai-je assuré avec précipitation. Je ne manque de rien.

– Je lui dirai de te ménager. J'ai d'autres projets pour toi que de te voir vider les pots de chambre et frotter les sols. Et je n'aime pas qu'on gâte la marchandise.

Le mot m'a souffletée. La *marchandise* : pour Afrikanus, je ne suis pas un être humain, mais un bien dont il faut tirer le meilleur parti. Il m'a achetée

16

fort cher, en raison de mes talents de musicienne, et veut rentrer dans ses frais.

Et je dois obéir à cet homme, m'incliner devant lui et l'appeler mon maître !

C'est l'heure de la sieste : à l'étage, les femmes somnolent, sûres de ne pas être dérangées avant la tombée du jour. Les rues sont vides. Les riches citoyens se reposent dans leurs jardins plantés de cyprès et de lauriers, dans le parfum entêtant des buissons de myrte ; les plus pauvres se contentent de l'ombre d'un muret ou d'un avant-toit. Idea ronfle dans la courette, sous un auvent de paille. Je me suis réfugiée dans un coin de la salle, sur une natte, mais le sommeil me fuit. Sans bruit, je me glisse au-dehors. Sous l'escalier extérieur, un moellon descellé dissimule une cavité peu profonde : c'est là que je cache le livre de tablettes offert par Lucius, le fils du peintre en lettres, et le stylet dont je me sers pour écrire. Je ne possède rien, hors ces deux objets : même la tunique qui me couvre ne m'appartient pas. Quand j'inscris mes pensées sur la cire malléable, je m'évade de ce lacis de rues arpentées jour après jour, de ce lieu où l'amour, ou son simulacre, s'échange contre les pièces que je dépense au marché. Je retrouve les paysages de mon enfance, la colline sur laquelle se dressait notre maison, flanquée d'une porcherie et d'un cellier. Mon père avait construit, non loin de l'aire à battre le grain, un petit four à céramique, où ma sœur et moi déposions nos modelages, plats minuscules ou statuettes représentant des animaux, à côté des pots que tournaient ma mère et ses servantes. Il avait aussi bâti de ses mains l'autel de Zeus Herkeios, protecteur de notre maison. Nous, les femmes de la famille, nous préférions rendre un culte à Hestia, gardienne du foyer.

Du sommet de la colline, on apercevait la mer; les cabanes des pêcheurs, serrées dans leur crique comme des osselets dans un coquillage, ressemblaient à des jouets.

C'est par la mer que le mal et la douleur sont arrivés.

J'avais dix ans. Depuis trois ans déjà, je m'initiais à mes tâches futures, filer la laine et la tisser, broyer le grain pour confectionner des galettes, accueillir les hôtes avec courtoisie, veiller à la bonne exécution des travaux domestiques. Bientôt, comme ma sœur, j'espérais servir Athéna, soit en tissant le *péplos* rituellement offert chaque année à la déesse, soit en portant, dans les processions, la corbeille sacrificielle. Hélène ne tarderait pas à se marier et à faire don à Artémis de ses jouets et de ses cheveux; mes parents voyaient d'un bon œil son union avec Dymas, resté orphelin très jeune, car en épousant ma sœur, il prendrait, dans notre maison, la place du fils disparu. Mon petit frère Nikos avait succombé, l'automne précédent, à une fièvre maligne : jusqu'à la fin, il s'était accroché à ma main, me réclamant d'une voix presque inaudible son air préféré. Ma mère et ma sœur se rendaient souvent sur le rivage où l'on avait dressé son bûcher funéraire, pour jeter des couronnes de fleurs dans les vagues écumeuses, et laisser le vent salé sécher sur leurs joues les larmes que l'évocation de jours plus heureux leur arrachait.

Ce matin-là, je les avais suivies, car c'était le jour anniversaire de la mort de mon frère. Mes deux mains occupées d'une lourde guirlande d'où voltigeaient quelques pétales, je suivais des yeux, dans l'air transparent, le vol d'un migrateur ; je trébuchai sur une racine saillante et tombai, lâchant mes fleurs. Hélène, en maugréant, se baissa pour m'aider à me relever. Sa silhouette me cacha, un bref instant, le débouché du chemin.

Puis ma mère poussa un cri et revint, en courant, vers nous.

– Les pirates ! Fuyez ! Fuyez, mes filles !

Son voile bleu ondoyant autour de son visage, gonflé par le vent de sa course, ses yeux dilatés, sa bouche ouverte, ses mains tendues... Voilà la dernière image que je garde d'elle.

30 juillet
– Tu me détailleras le menu... Ces patriciens se gobergent à nos frais. Autant savoir ce qu'ils

19

mangent, pour les imiter quand nous serons riches ! *Salve lucrum !*

Idea tourne autour de moi, arrange les plis de ma *stola*, rajuste mon peigne, me pince violemment les joues. Je ne proteste pas, cela ne servirait à rien.

— Un peu de couleur ! Pour une Grecque, tu es bien pâle ! Pourquoi ne te fardes-tu pas ? Les autres musiciennes savent se mettre en valeur.

— Je ne tiens pas à me faire remarquer.

— Tu as tort, fillette.

Son visage se déforme – essaie-t-elle de sourire ? D'une voix doucereuse, elle m'exhorte :

— Nous pourrions nous associer... toi et moi, Cadia. Ne désires-tu pas porter de beaux vêtements, goûter les mets les plus fins, te coiffer avec des épingles d'or ? Tu pourrais disposer de ta propre chambre, être servie, toi esclave, par une fille moins favorisée, pour qui tes caprices seraient les décrets d'une divinité...

Idea se rapproche encore et me souffle au visage son haleine gâtée.

— De beaux jeunes gens déposeraient à ta porte, dès le matin, des guirlandes de fleurs et des compliments en vers, te comparant à Vénus et à Iris, mais aussi à Angita, qui guérit par sorcellerie les souffrances qu'elle inflige. L'Amour n'est-il pas le maître sorcier par excellence ? N'aimerais-tu pas devenir l'une de ses prêtresses ?

Sans lever les yeux, je fais non de la tête. Exaspérée, Idea m'écarte d'une bourrade et sort de la pièce.

Je suis contente de ne pas avoir croisé son regard. Elle aurait lu, dans le mien, trop de haine.

Vers la sixième heure
En attendant l'heure du banquet, je m'acharne à revivre un passé douloureux...

Sur nos rivages, les attaques de pirates étaient rares mais leurs méthodes connues depuis des générations : dissimuler un bateau dans une anse abritée, surprendre les villageois à la faveur de la nuit, rafler les femmes, les enfants, les hommes jeunes et forts, entasser dans les cales la cargaison humaine affolée, jeter les blessés par-dessus bord, puis cingler vers l'un de ces ports où le commerce des esclaves est florissant, tels Chypre, Chio et Délos. C'est dans cette île que nous fûmes débarqués avec des centaines d'autres malheureux. Une populace nombreuse assista à la punition du matelot qui avait tué ma mère. L'homme, pendu par les pouces à une vergue, reçut vingt coups de corde trempée dans l'eau de mer. Le capitaine du bateau n'aimait pas, lui non plus, que l'on « gâte la marchandise ».

Il s'entendait au contraire à la présenter sous son meilleur jour : parqués dans un entrepôt comme des bêtes de somme, nous fûmes nourris et soignés. Les jeunes garçons reçurent une fiole d'huile dont ils devaient s'enduire le corps pour accentuer le relief de leurs muscles, les femmes coiffèrent des couronnes. On nous dépouilla de nos vêtements et on nous accrocha au cou un écriteau détaillant nos qualités. « Saine et docile, sachant lire, écrire et jouer de plusieurs instruments de musique », je devais atteindre, me dit une autre fille, un prix élevé.

Ma sœur fut conduite, la première, sur l'estrade.

– Regardez cette beauté ! cria le marchand d'esclaves, le *leno*. Elle sait filer, tisser, tenir une maison ! Elle portera de nombreux enfants et charmera votre repos par de douces caresses ! Le rêve de tout honnête citoyen...

Hélène, honteuse de sa nudité, pleurait. Des hommes furent invités à s'approcher ; l'un d'eux lui ouvrit la bouche et examina ses dents. Satisfait, il hocha la tête.

– Je l'achète, dit-il.

Le *leno* me montra du doigt.

– Je peux te proposer aussi sa jeune sœur. Elle joue de...

– Je sais lire, coupa l'autre. Celle-ci ne m'intéresse pas. Trop jeune. À cet âge, elles ne valent rien dans une ferme, et je ne suis pas assez riche pour entretenir des musiciennes.

– Elle grandira !

Je m'avançai d'un pas.

– Je suis forte, je vous servirai bien.

Ces mots – les premiers mots de soumission que je prononçais, mes premiers mots d'esclave ! – me brûlèrent les lèvres, mais je redoutais par-dessus tout d'être séparée de ma sœur.

Le fermier haussa les épaules, tira une bourse des plis de sa tunique et compta, dans la main du *leno*, la somme demandée.

– Allons, jeta-t-il à Hélène qui tremblait. Rhabille-toi et suis-moi. Le bateau ne tardera pas à lever l'ancre. Ma femme nous attend à l'auberge.

Vaincue, ma sœur s'apprêtait à obéir. Elle allait me quitter sans un regard… Je suppliai, me jetai à genoux, en vain. Des mains brutales s'abattirent sur moi ; on me traîna à l'écart. Sur l'estrade, la vente continuait. L'un après l'autre, tous nos compagnons de misère furent livrés à leurs nouveaux propriétaires. De l'homme qui m'acheta, je ne vis pas le visage, les larmes m'aveuglaient. Lui aussi m'ordonna de le suivre et je lui emboîtai le pas sans rechigner. Je ne songeai même pas à m'enfuir… pour aller où ? J'avais tout perdu. Mais la volonté de survivre m'habitait, et c'est elle qui me poussa à accepter mon destin.

31 juillet

Idea, après m'avoir pressée de questions sur le déroulement du banquet, a dû se résoudre à me laisser en paix. J'en suis quitte pour une ou deux taloches, dont mes joues brûlent encore. Mais je m'en moque : la mégère n'obtiendra jamais rien de moi, ni par ses gifles ni par ses caresses… J'ai bien d'autres préoccupations !

Hier, en me rendant chez Quintus Poppaeus, vers la neuvième heure, je me suis heurtée, au débouché d'une rue déserte, à un jeune homme qui courait en regardant derrière lui – le sot ! Il ne m'a pas vue, et la violence du choc m'a précipitée contre le mur. J'ai trébuché contre une borne et roulé dans la poussière. Déjà le maladroit, penaud, s'empressait :

– Par Taranis ! Je ne suis qu'un propre à rien… Es-tu blessée, jeune fille ?

Sans répondre, j'ai ouvert le sac qui contenait mes instruments de musique… par chance, aucun n'était brisé. Me relevant, j'ai épousseté, de mes mains couvertes d'égratignures, ma *stola* déchirée aux genoux, et foudroyé le garçon du regard.

– Ne peux-tu regarder où tu cours ? Ma tunique est perdue, mon maître me battra… Et comment jouer de la lyre avec ces doigts meurtris ?

Il n'a su que répondre, et restait planté devant moi, les bras ballants. Malgré moi, je me suis mise à rire. Voir un tel gaillard réduit au silence, voilà qui était drôle ! Bâti en force, il me dépassait de deux bonnes têtes ; ses cheveux blonds, plus longs que la coutume ne l'autorise ici, frôlaient ses épaules, et ses yeux d'un bleu très clair me fixaient avec une expression de repentir sincère.

– Je… je suis vraiment désolé, a-t-il balbutié. Je… je remplacerai ta robe… j'ai de l'argent.

J'ai haussé les épaules.

– Inutile.

– Je t'en prie, accepte !

– Je suis une esclave, ai-je laissé échapper avec amertume. Rien ne m'appartient, ni mes vêtements ni ma personne. Tu n'as qu'à dédommager mon maître, si le cœur t'en dit !

Le garçon a reculé d'un pas.

– Si tu changes d'avis, tu me trouveras à la caserne des gladiateurs. Demande Tarvos, on me connaît…

– Tarvos ?

– Je suis gaulois. Mon nom signifie… euh… le taureau, a-t-il expliqué en rougissant.

J'ai persiflé :

– Un nom qui te va comme un gant !

– Tu as raison, a-t-il admis avec humilité. J'ai tendance à foncer droit devant moi sans me préoccuper des conséquences ! Et toi ? Comment t'appelles-tu ?

– On m'appelle Cadia. Mais mon véritable nom est Briséis.

– Briséis, a-t-il répété. Un nom aussi beau que celle qui le porte.

À mon tour, j'ai rougi. Sans le regarder, j'ai serré mon sac contre ma poitrine et continué mon chemin. Au moment où je tournais le coin de la rue, il m'a hélée une dernière fois :

– Tarvos ! N'oublie pas… à la caserne des gladiateurs ! Si tu as besoin de moi, je serai là !

1er août

On m'a réclamée dans la salle pour jouer de l'*aulos*. Drusilla dansait, multipliant les sourires et les œillades. Son client, un riche commerçant à en juger par ses vêtements et le nombre de pièces recueillies par les doigts crochus d'Idea, la lorgnait sans vergogne. Il avait exigé le meilleur vin, qu'il buvait pur, et un plat d'escargots. Idea les enferme vivants dans un pot de lait avant de les faire frire dans de l'huile additionnée de menthe et de fenouil ; elle prétend que ce traitement rend leur chair moelleuse et délicate. « Ils meurent repus, ajoute-t-elle invariablement. J'espère connaître le même sort. »

Moi, cela me dégoûte…

Les hommes qui viennent ici cherchent tous à oublier quelque chose : leur laideur ou leur infirmité, une épouse acariâtre, la faillite d'un commerce, la tyrannie d'un père… Parfois, les filles se laissent aller, devant moi, à des confidences. Tel serviteur d'Isis, qui par les rues promène sa gravité hautaine, s'amuse au lupanar de plaisanteries puériles ; tel vieillard affable nourrit en secret de cruels penchants ; tel autre ne veut que s'épancher et lasse, soir après soir, les oreilles de sa favorite avec le récit sans cesse répété de ses malheurs… Quand je joue, je me tourne face au mur, face aux ombres qui s'étirent et s'agitent. Je ferme mes oreilles à tout ce qui n'est pas la musique et je laisse mes rêves m'emporter très loin.

Pourtant, ce soir, c'est à Pompéi que les notes de ma flûte m'ont ramenée – Pompéi, telle que je l'ai découverte pour la première fois, alors que le navire manœuvrait pour entrer dans le port. Quatre fois les olives ont mûri depuis ce jour-là, quatre fois les arbres fruitiers se sont couverts, au printemps, d'une blanche floraison, quatre fois leurs feuilles jaunies ont pourri sur le sol ; l'image reste aussi nette, jusqu'en ses moindres détails.

Le soleil se couchait. La lumière rasante sculptait les vagues courtes qui se brisaient sur la proue en gerbes d'écume blanche. Je sentais, sur mes lèvres, leur saveur salée se mêler au goût de mes larmes. Afrikanus, mon *maître* – comme je haïssais déjà ce mot, comme je tremblais, seule désormais, abandonnée, et pour toujours ! – avait retrouvé des connaissances parmi les passagers et causait, sans se soucier de moi. Il ne craignait pas, apparemment, que je me jette à la mer pour lui échapper en mettant fin à mes jours et m'avait laissée, tout le temps de la traversée, vagabonder à ma guise sur le pont. Du groupe, parfois, s'élevaient de gros rires, mais personne ne me prêtait attention.

Et soudain la ville se dressa devant moi, hautaine dans sa ceinture de murailles qui lui donnait l'apparence d'une forteresse. Retranchée à quelques stades du rivage, elle dominait les flots et semblait surveiller l'activité grouillante des marins et gens de commerce qui s'agitaient à ses pieds. Mais les murailles s'ouvraient sur des jardins ombreux et d'immenses demeures s'étageaient sur leurs terrasses…

– La guerrière s'est changée en matrone entourée de marmots braillards, soupira un homme accoudé, comme moi, au bordage.

Je séchai mes pleurs et tournai vers lui un regard curieux. Droit et vigoureux, le front couronné de boucles grisonnantes, il ressemblait lui-même à un vieux soldat.

– Les Samnites en avaient fait une ville forte, et c'est Rome qui causera sa déchéance ! continua-t-il sans me regarder. Rome se vautre dans le luxe et ne respecte plus les traditions de nos aïeux… Certes, ils étaient de mœurs austères mais, grâce à eux, nous avons conquis le monde ! Ces nouveaux riches – il désigna le toit entouré de cyprès d'une grande villa – dédaignent les mets simples et la forte discipline qui ont fait notre gloire. Ils se gavent de tétines de truie, de becfigues, de langues de flamants et de pâtisseries écœurantes, avant de céder aux charmes des danseuses venues d'Orient ; ils attireront sur nos têtes la colère des dieux !

Le poing levé, la lèvre méprisante, il semblait défier la cité blanche et rose.

– Tremblez, fous que vous êtes ! L'heure du châtiment approche !

– Mais oui, grand-père, fit derrière moi la voix gouailleuse d'Afrikanus. La peur me fait transpirer, et toi aussi, dirait-on. À tant parler, tu dois avoir le gosier sec! Chez moi, tu trouveras de quoi te rafraîchir… et de belles filles de la campagne pour calmer tes ardeurs! Deux as la passe, ce n'est pas cher… Allez, viens, *Cadia*. Tu mérites ce nom, ma précieuse, car tu m'as coûté une fortune, sais-tu? Il faudra te montrer docile et reconnaissante…

Je ne compris rien à ce discours, non plus qu'aux offres faites au vétéran. Mais les injures dont celui-ci couvrit mon nouveau maître me firent comprendre qu'elles étaient jugées honteuses; ma terreur redoubla. Quel sort me préparait-on à Pompéi?

2 août

Si je n'ai rien raconté du banquet à Idea, c'est par lassitude, par dégoût : toutes ces fêtes se ressemblent, et d'ailleurs je n'en ai presque rien vu, car j'ai joué cachée. Ainsi, les convives n'ont pas eu à supporter le spectacle navrant de ma *stola* déchirée et de mes mains écorchées! Une telle abomination leur aurait sûrement coupé l'appétit!

La maison de Quintus Poppaeus est belle, luxueuse – presque un palais. Comme l'exige ma condition, je me suis présentée à l'entrée réservée au *procurator*, l'intendant responsable des esclaves, qui donne sur une venelle à l'est de la demeure. Une charrette s'y trouvait bloquée, chargée de paniers, de jarres de vin et de caisses d'huîtres protégées par de la paille. Le cuisinier rageait : on ne lui avait pas livré le poisson en quantité suffisante, les anchois manquaient de fraîcheur… Une foule d'esclaves s'agitait autour de lui : impossible de passer ! J'ai fait demi-tour et je suis revenue vers la porte principale, imposante, encadrée de pilastres. L'*atrium* était désert ; une colombe, perchée sur le rebord mouluré de l'*impluvium* de marbre, s'est envolée au bruit de mon pas. De l'endroit où je me trouvais, je pouvais voir une enfilade de pièces vastes et aérées, le *tablinum* ouvrant sur le péristyle. Une frise représentant des pygmées et des crocodiles plus vrais que nature courait le long des murs. Je m'étais approchée pour les examiner quand une voix bien connue m'a fait sursauter.

– Briséis ? Que fais-tu ici ?

C'était mon ami Lucius, le fils du peintre en lettres qui demeure non loin du lupanar, à côté des thermes. Contrairement aux autres garçons, qui me poursuivent de leurs sarcasmes et de leurs plaisanteries salaces, il ne me méprise pas. Bien au contraire, il m'a souvent consolée quand Idea se montrait trop dure avec moi, m'offrant une part de son repas ou de menus objets, dont ce livre de tablettes où je consigne mes pensées. Il est aussi le seul, jusqu'à présent, à user de mon véritable nom.

Je lui ai souri.

– Comme d'habitude. Je viens charmer les oreilles d'ivrognes qui ne m'écouteront pas et préféreront brailler des chansons à boire ! Et toi ?

– J'accompagne mon père. Quintus Poppeus prépare déjà la prochaine campagne électorale… Il soutiendra l'édile Albucius Celsus, et tient à s'assurer les services de Sabinus, le meilleur peintre de tout Pompéi! acheva-t-il avec orgueil.

– Et toi? As-tu terminé ton apprentissage?

– Non, mais je serai son *lanternarius*. Le nôtre a racheté sa liberté et… une femme! Il ne rêve plus que de planter des pieds de vigne sur les pentes du Vésuve, là où la terre est noire et fertile. Plus jamais il n'aura à lever sa lanterne en pleine nuit pour éclairer les murs que mon père doit peindre.

J'aime bien Lucius, et je sais que jamais il ne me blesserait volontairement, mais je n'ai pu m'empêcher de montrer ma désapprobation.

– Pourquoi les affranchis s'achètent-ils un esclave dès qu'eux-mêmes ont retrouvé leur liberté? ai-je lancé. N'ont-ils pas enduré assez d'humiliations?

Lucius s'est troublé. Lui-même, fils d'affranchi, est né libre : il trouve tout naturel que des hommes puissent avoir droit de vie et de mort sur d'autres hommes.

– Ils prennent leur revanche, je suppose, a-t-il murmuré.

– Comme ton père?

– Briséis…

Pourquoi me suis-je montrée aussi agressive? Je l'ignore. Lucius est mon ami, mon seul ami, mais parfois, il m'agace. Heureux, protégé, bien nourri, il ne s'interroge pas au sujet de son avenir… Je ne peux tout de même pas le lui reprocher! Mon père, lui aussi, possédait des esclaves. Il les traitait avec bonté, certes, mais pouvaient-ils oublier leur condition servile?

M'étais-je jamais posé la question, quand je vivais moi aussi au sein de ma famille?

– Ah! Te voilà! Tu es la musicienne envoyée par Afrikanus, n'est-ce pas? Je t'attendais plus tôt. Suis-moi.

Je n'ai eu que le temps d'esquisser un geste d'adieu; déjà le *procurator* avait tourné les talons et s'éloignait. Il m'a précédée dans une succession de salons somptueusement décorés. Les fraîches couleurs des fresques retenaient le regard : scènes de chasse, hérons évoluant dans des jardins luxuriants, Amours volant sur un fond vert émeraude, Centaures et Lapithes. Des panneaux entiers évoquaient certains épisodes de la guerre de Troie, la mort de Laocoon, le célèbre cheval de bois, la capture d'Hélène et de Cassandre. Plus loin, des masques de théâtre se détachaient sur un fond jaune. Voyant que je regardais autour de moi avec intérêt, l'intendant m'a désigné l'une des niches du péristyle.

– Si tu t'intéresses aux arts, jeune fille, vois ici le grand poète comique Ménandre, représenté en pleine inspiration. En face de lui, le portrait du dramaturge Euripide…

Nous sommes entrés dans le *triclinium*. L'intendant

m'a indiqué ma place, derrière un écran de feuillages savamment tressés imitant une haie fleurie. Il n'a fait aucun commentaire sur ma tenue, mais son regard dédaigneux et ses lèvres pincées trahissaient son opinion.

Je me suis assise sur un tabouret bas et j'ai accordé ma lyre ; les esclaves apportaient les matelas et coussins destinés à garnir les lits occupant trois côtés de la pièce, disposaient les guirlandes de fleurs, les bassins dans lesquels on laverait les pieds des convives, les aiguières remplies d'eau claire où ils plongeraient les doigts après chaque plat.

À la tombée du jour, les invités ont pris place, après avoir revêtu la *synthesis* de mousseline légère, ce costume réservé aux festins où abondent les plats chauds et épicés. Le bourdonnement des conversations a commencé. Une femme s'extasiait sur les magnifiques pièces d'argenterie qui couvraient la table. Le maître de maison, ravi de ces témoignages d'admiration, lui en détaillait, avec complaisance, les beautés. Déjà les coupes circulaient, avec les plats de hors-d'œuvre débordants d'huîtres, d'œufs de paon, d'anchois et d'olives au parfum épicé. Je jouais en sourdine, enveloppant les convives d'un léger nuage de sons : la plupart, je le savais, ne désiraient rien de plus. À l'angle de l'écran qui me dissimulait se tenait l'esclave chargé de déboucher les amphores. L'un après l'autre, il ôtait les bouchons de liège ou d'argile, puis, à l'aide d'une passoire que l'on appelle ici *colum*, filtrait le liquide épais, presque noir. Il le versait dans un cratère et le mélangeait à un tiers d'eau. Seuls les clients d'Afrikanus boivent leur vin pur pour parvenir au plus vite à l'ivresse ; les nobles patriciens se ménagent. Une conversation élevée signe la réussite d'un banquet, mais je dois dire que je n'ai jamais eu la chance d'en surprendre la moindre bribe ! Les invités de Quintus Poppaeus ne constituaient pas une exception : ils parlaient argent et récoltes, médisaient de leurs voisins et rapportaient, avec des rires étouffés, des anecdotes de mauvais goût. Plus tard, quand toutes les jarres auraient été débouchées, quand ils auraient bu le vin miellé, le falerne et les sombres crus de Corse, ils s'amuseraient à arracher les voiles des danseuses conviées pour le dessert et à les enivrer elles aussi, pour les voir tituber parmi la vaisselle renversée.

Si je ne pouvais voir les invités, je n'ai pu échapper à l'énumération des mets dont ils se régalaient. Le maître de maison tenait à étaler sa richesse, et les sept services ont été scrupuleusement respectés et annoncés avec solennité. Trois entrées : des tétines de truie relevées de saumure de thon, des champignons marinés accompagnés de poireaux coupés en lamelles, de menthe hachée et de roquette, des mulets pêchés en haute mer entourés de prunes de Damas. Deux rôtis : un chevreau accompagné de fèves et de choux verts, un porc entier farci de boudins et de saucisses grillées. Et enfin les desserts, gâteaux d'épeautre arrosés de miel et fruits savoureux, poires de Signia, raisins mûrs. Des esclaves circulaient au milieu des convives avec des corbeilles de petits pains faits de la plus fine fleur de froment. Le fumet de ces plats me mettait l'eau à la bouche, car j'avais grand-faim, mais personne ne s'en souciait. Plus tard, quand le plus âgé des invités s'est mis à vomir dans le bassin que lui tendait un jeune serviteur, je me suis félicitée d'avoir gardé l'estomac vide.

Et, plus tard encore… Ma main hésite à tracer les mots que j'ai entendus. Ils étaient tous partis, sur un dernier hoquet, un dernier rire aviné, sauf Marcus Fronto, candidat malheureux aux dernières élections, qui n'avait guère pris part à la conversation. Quintus Poppaeus a renvoyé les esclaves. Qu'ils prennent un peu de repos, il serait bien temps, le matin venu, de nettoyer ! Dissimulée derrière mon paravent dont les fleurs se flétrissaient en exhalant une odeur sucrée, je rangeais mes instruments. Quintus a la réputation d'un maître brutal et exigeant – c'est ce que murmurent les esclaves au marché. Ses serviteurs le craignent et le haïssent. Cette brusque mansuétude avait de quoi surprendre.

J'en ai vite compris la raison.

– Parlons net, a chuchoté Quintus Poppaeus à son commensal. C'est pour cela que je t'ai fait

venir – pour te dévoiler mon plan, ou devrais-je dire
« notre » plan ? L'an prochain, je soutiendrai ouverte-
ment Albucius Celsus, et tu te déclareras son ami
et conseiller. J'ai fait courir le bruit que tu renonçais
à briguer un mandat pour mettre ta fortune et tes
relations au service d'un homme plus compétent ;
Albucius lui-même loue ta sagesse et ta modestie.
Nul ne pourra nous soupçonner.

— Nous mènerons donc campagne en sa faveur ?
s'est esclaffé Marcus Fronto. La bonne plaisanterie !

— Jusqu'au dernier moment, ou presque. Hélas,
quelques jours avant le scrutin, le malheureux Albucius sera victime d'un fatal accident.

— Vraiment ? Et lequel ?

— Mon cher Marcus, s'il n'y a qu'une voie pour
entrer dans la vie, les chemins pour en sortir sont
multiples ! Les routes ne sont pas sûres, les chevaux s'emballent facilement, les tuiles tombent des
toits, les voleurs s'introduisent nuitamment dans les
demeures les plus respectables… et un coquillage
avarié, à lui seul, peut expédier aux Enfers un homme
dans la force de l'âge… En tant qu'amis du défunt,
nous aurons à cœur de célébrer sa mémoire en per-
pétuant son œuvre politique…

— Et en raflant ses électeurs à notre profit, a
conclu Marcus. À *mon* profit, en fait. Ma dette
envers toi sera immense, ô Quintus.

— Une dette dont tu t'acquitteras, ô Marcus, en
me cédant les terrains qui m'intéressent… Pompéi

est une ville en plein développement. Les *insulae* que j'y ferai construire accueilleront de nombreuses familles, et les loyers m'assureront un revenu confortable. La vie est si chère ! Sais-tu combien me coûte un simple repas comme celui-ci ?

Un rire servile. Un cliquetis de vaisselle. Ils se versaient une dernière coupe.

– Allons boire dans le jardin, Marcus. Je viens de le faire replanter, et le mur du fond est peint de scènes champêtres. Ainsi, le promeneur a l'illusion d'errer dans les allées d'un vaste parc… Ah ! mon ami, rien ne vaut les joies que nous donne la nature…

Ils se sont éloignés. Je suis restée accroupie un long moment, jusqu'à ce que le silence ne soit plus troublé que par le chant lointain d'un rossignol. Je tremblais. S'ils m'avaient surprise ? La vie d'une esclave n'a aucune valeur pour qui ne la possède pas, et même parfois pour qui la possède. Et les cris sortant d'une gorge tranchée sont vite étouffés par le sang qui jaillit…

J'étais si nerveuse qu'en sortant de la maison, j'ai cru voir une ombre se glisser à ma suite. Me retournant fréquemment, j'ai emprunté de longs détours avant de reprendre le chemin du lupanar. Je n'ai vu personne…

6 août

Je profite des dernières lueurs du jour pour écrire ; il ne me reste presque plus de tablettes, et je ne sais pas si je pourrai m'en procurer d'autres. Dans le dénuement, la détresse où je me trouve, cet objet est un luxe…

Autour de moi, les poules picorent, gonflent leurs plumes, se chamaillent. Bientôt, elles s'installeront pour la nuit, et le silence deviendra oppressant. Je guetterai alors le moindre bruit dans la courette, le moindre éclat de voix.

J'ai si peur !

Depuis trois jours, je me terre dans ce poulailler. Grâce à Lucius, qui m'apporte à manger, je ne souffre pas de la faim. Mais je ne pourrai pas rester longtemps : un jour ou l'autre, je serai découverte – et que peut espérer une esclave en fuite, à Pompéi ? Afrikanus me reprendra ; il me tuera peut-être. Ou bien il me cloîtrera dans une de ses chambres, à l'étage du lupanar, et m'obligera à vendre mon corps. C'est pour cela que je me suis enfuie, pour ne pas être livrée au premier venu moyennant quelques as.

C'est Idea qui m'a dénoncée. Elle m'a vue laver des linges tachés de sang et a prévenu Afrikanus. Sans doute escomptait-elle, par ce moyen, briser ma résistance ; une fois prostituée, je serais plus sensible à ses arguments, plus souple. Elle a dû le mettre en garde, car il m'a conduite dans l'une des cellules où les filles reçoivent leurs clients et m'y a enfermée.

– Spendusa ou Portia viendront t'instruire de ce que tu auras à faire, m'a-t-il lancé avant de tourner la clef dans la serrure. Demain, tu débuteras dans ton nouveau métier. Pas de sottises! Une vierge, cela vaut cher, et je compte sur un bon bénéfice. Tu me dois bien cela!

– Oui, Maître, ai-je répondu avec une apparente soumission.

Je préférais qu'il m'imagine résignée à mon sort. Résister aurait été inutile et stupide; je le sentais résolu à me droguer, ou pire. J'ai attendu le soir : quand Idea est entrée pour déposer sur le tabouret une cruche d'eau, du pain et des olives, j'ai fait semblant de dormir. J'ai attendu que cessent les habituelles allées et venues, les cris, les insultes, les chansons. Jamais nuit ne m'avait paru si longue…

Enfin – les premières lueurs de l'aube blanchissaient le ciel – la maison s'est endormie. Je pouvais entendre le chant des grillons dans les jardins. J'ai couru à la fenêtre. Elle surplombait la cour d'une hauteur bien suffisante pour me rompre le cou, s'il m'avait pris la fantaisie de sauter, mais une gouttière de maçonnerie courait sur la droite et m'offrirait des prises suffisantes. J'ai noué ma *stola* autour de ma taille et enjambé le rebord. J'ai dû m'étirer pour atteindre la gouttière, au risque de basculer dans le vide. Mes mains moites glissaient. Enfin, mes doigts ont accroché une saillie ; un pied a suivi, puis l'autre. J'avais l'impression que ma respiration bruyante allait me trahir, aussi ai-je retenu mon souffle jusqu'à ce que mes orteils frôlent le sol. J'ai couru retirer de sa cachette mon livre de tablettes et je me suis éloignée rapidement. J'avais déjà projeté de me réfugier dans le poulailler de Lucius ; je savais que j'y serais en sécurité, au moins pour un temps – il est très fier de ses poules, qui pondent les plus gros œufs du quartier, et tient à s'en occuper lui-même.

Dans la rue, je me suis forcée à ne pas courir. Je n'ai pas regardé en arrière. Au lupanar, je ne laissais que de mauvais souvenirs – et mes instruments de musique, rangés dans leur sac. Je l'avais moi-même suspendu à un clou dans la cuisine, la veille. Si j'avais pu prévoir ! Mais il était trop tard pour les regrets.

Trop tard pour la liberté ?

7 *août*

Trop tard pour la liberté… Quelle impulsion, ou quelle angoisse, m'a poussée à tracer ces mots ? La peur d'être reprise serait-elle la moindre de mes terreurs ? Mon enfance s'est écoulée dans l'insouciance ; et depuis ce jour funeste où ma mère a été tuée sous mes yeux, il s'est toujours trouvé quelqu'un pour me dire où aller et que faire, pour me nourrir, même mal, me châtier, me vêtir. J'ai souffert, pleuré, mais jamais je n'ai été livrée à moi-même… Je ne connais rien de la vie. Je sais jouer de plusieurs instruments, chanter et danser, je sais frotter le dallage et récurer les marmites, mais saurai-je survivre et rester libre ?

Lucius m'a apporté à manger, une cuvette d'eau pour me laver et un nouveau livre de tablettes. Je l'ai remercié avec chaleur ; il a paru gêné.

— Non, Briséis… Je ne le mérite pas. J'aimerais faire beaucoup plus, mais…

— Tu crains ton père, ai-je complété à voix basse.

— Pas lui. Il est généreux et prendrait soin de toi si je le lui demandais. Mais Afrikanus est ton légitime propriétaire, et mon père connaît la loi. Jamais il ne la transgresserait.

— Une loi qui ne protège que les forts et les riches, ai-je commenté, amère.

Lucius s'est accroupi à côté de moi.

— Briséis… je ne sais pas quoi te dire. Je ne suis pas savant. Mon travail, quand je serai adulte, consistera à inscrire sur les murs de la ville les louanges de tel ou tel candidat aux élections. Personne ne me demandera si je les approuve ou si je ne préférerais pas en écrire d'autres… Tout homme qui dépend des puissants pour sa subsistance est un esclave, Briséis, a-t-il conclu avec tristesse.

— Tu en parles à ton aise ! Personne ne te traque, ni n'a le pouvoir de te livrer au premier venu…

ou de te fouetter jusqu'à ce que tu meures sous les coups !

Il a baissé la tête. « Vieux, ai-je pensé avec pitié, vieux avant l'âge, et résigné à l'ordre du monde… »

— Ne te tourmente pas, Lucius, ai-je murmuré. Tu as déjà fait beaucoup pour moi. Je me débrouillerai. Le mieux serait que je quitte cet endroit dès que possible et que je m'éloigne de Pompéi. Je pourrais peut-être aller à Néapolis : c'est une grande ville, je trouverai à m'y placer comme servante.

— Ce n'est pas une bonne idée. Ce matin, je suis passé à la porte du Vésuve, et j'y ai vu l'une des filles d'Afrikanus, Spendusa. Elle rôdait, feignant de s'intéresser aux devantures des échoppes. Je crois que ton maître fait surveiller les accès de la cité. Si tu sors de Pompéi, tu n'iras pas loin.

Il s'est levé et a secoué sa tunique où s'attachaient des brins de paille.

— Je reviendrai ce soir. Mon père m'a chargé de plusieurs courses, j'en profiterai pour… Non, je préfère ne rien te dire pour l'instant. Ne bouge pas d'ici. Tu as confiance en moi ?

— Lucius… il ne s'agit pas de confiance, tu le sais bien. Tu n'as pas le pouvoir de me sauver.

— Peut-être que si. Sois patiente, je t'en supplie ! Briséis…

Il a ouvert, puis refermé la bouche, comme si les mots qui se formaient en lui refusaient de franchir ses lèvres.

– À ce soir.

La journée me semblera longue ; à chaque instant je guetterai, sur le mur, la lente, trop lente progression des ombres.

Nuit

Lucius n'est pas venu. Un esclave a donné la pâtée aux poules ; je me suis dissimulée derrière un tas de vieilles bâches pleines de poussière et de toiles d'araignées. Il est reparti, emportant sa lampe et fermant la porte pour la nuit. J'ai entendu le bruit de la barre de bois qui glissait dans les solides crochets de fer scellés au mur.

Que s'est-il passé ? La maison, de l'autre côté de la cour, est silencieuse et sombre. À croire que le maître de maison, lui non plus, n'est pas rentré... J'écris à l'aveuglette, effleurant du bout des doigts les lettres que je trace sur la cire. L'esclave a rabattu le volet de la fenêtre et, malgré mes efforts, je n'ai pas réussi à l'ouvrir. Je me sens prisonnière. Des pensées noires m'assaillent, que je tente, vainement, de repousser. Lucius m'a-t-il trahie ? Son père a dû avoir vent de ma fuite. Et Afrikanus nous a vus plus d'une fois ensemble. S'il l'a interrogé, menacé...

Je me lève et cours à la porte. Le battant tremble à peine sous mes coups répétés. Je me mords la lèvre pour ne pas crier, appeler au secours. Personne ne peut me secourir. Personne.

Qu'Artémis, qui protège les jeunes filles, et que les Romains appellent Diane, me prenne en pitié !

8 août, en fin de matinée
Une animation inaccoutumée règne au-delà des hauts murs. J'ai faim et soif. Pourquoi Lucius ne vient-il pas ? Les poules, lasses d'être enfermées, se battent. D'ordinaire, on les lâche dans la cour, où elles picorent toute la journée. L'air est étouffant, empuanti par leurs déjections. Je respire avec peine.

Cette fois, j'en suis sûre : mon ami m'a abandonnée…

La porte du poulailler ne s'est ouverte qu'à la nuit close. Je m'étais réfugiée derrière un perchoir, armée d'une planche. Si Afrikanus venait me chercher, il trouverait à qui parler ! Cette fois, je ne me laisserais pas mener comme une brebis docile.

Mais ce n'était que Lucius, qui portait un gros paquet.

— Briséis ? a-t-il appelé d'une voix étouffée.

Méfiante, je surveillais ses gestes, son attitude. Ne l'avait-on pas envoyé en avant-garde, pour me tendre un piège ? Presque aussitôt, je me suis reproché ma sottise : si Lucius avait voulu m'attirer au-dehors ou me désigner à mes persécuteurs, aurait-il pris la peine de se charger d'un fardeau aussi encombrant ? Non, il serait entré les mains vides, d'un air dégagé… J'ai

44

maudit la destinée qui me forçait à douter de mes amis, et aussi mon propre cœur empoisonné par la crainte ; lâchant la planche, je me suis avancée.

– Je suis là, Lucius.

Et j'ai ajouté aussitôt, tant j'éprouvais de remords :

– Je suis contente de te voir.

Dans la lueur jaunâtre de la petite lampe à huile, je distinguais mal ses traits, mais j'aurais pu jurer qu'il avait rougi.

– Tu as dû t'inquiéter. Mais il y a eu pas mal de remue-ménage dans le quartier la nuit dernière. Une bagarre entre mari et femme ! Mon père a dû s'interposer, soigner l'un et sermonner l'autre, si fait qu'il m'a chargé de tant de courses et de corvées que je n'ai pas eu un instant à moi ! Mais j'ai bien réfléchi à ta situation, et je crois que je t'ai trouvé un refuge sûr.

Lucius a posé son baluchon et a dénoué la pièce de tissu qui l'enveloppait.

– Voici une *stola* propre... Elle est un peu usée, bien sûr. Je l'ai empruntée à notre servante. Un châle, des sandales... et ceci !

Il a exhibé un sac de toile que j'ai reconnu aussitôt.

– Mes instruments de musique... Comment as-tu fait pour les récupérer ?

– J'ai attendu que la cuisinière, cette horrible vieille, parte au marché. Il faut bien qu'elle bouge sa carcasse à présent que tu n'es plus là ! Les autres dormaient, je suppose. Je me suis introduit dans la cuisine, j'ai pris le sac à son clou et je suis ressorti tranquillement. Personne ne m'a vu.

— Oh, Lucius, je ne te remercierai jamais assez !

— Je ne veux pas que tu me remercies. Je voudrais juste...

Il s'est approché de moi et m'a enlacée avec maladresse.

— Lucius, qu'est-ce que tu fais ?

J'étais plus ébahie que furieuse.

— Arrête !

Ses lèvres se sont posées dans mon cou. Me rejetant en arrière, j'ai dégagé un de mes bras et lui ai asséné une gifle retentissante.

— Tu es fou ?

— Je... je t'aime, Briséis...

Un autre jour, j'aurais peut-être ri de sa fougue, ou je l'aurais plaint, car il semblait très malheureux, avec sa joue écarlate et son air de chien battu ; mais je n'avais vraiment pas le cœur à plaisanter, ou à ignorer une offense.

— Tu m'aimes ? La belle affaire ! Et moi ? As-tu interrogé mon cœur ? Tu m'aimes, et tout est dit ! Pour toi, cela suffit ! Je dois accepter tes attentions avec reconnaissance, puisque je suis à ta merci ! Que vas-tu faire, maintenant ? Courir me dénoncer ?

Je n'ai pas reconnu ma voix, vibrante de rage et de dédain. Comme je le méprisais, à cet instant ! Comme je me méprisais de lui avoir, naïvement, accordé ma confiance ! Ma déception était cuisante.

– Briséis, non… je… ce n'est pas ce que tu crois. Je te demande pardon ! Je… je vais sortir pour que tu puisses t'habiller. Je t'ai apporté de l'eau, et de quoi te restaurer.

– Garde tes cadeaux, Lucius. Je n'en veux pas.

– Tu ne comprends pas… Je dois te conduire chez une personne sûre. Si tu sors, euh… comme tu es, tu n'iras même pas jusqu'au coin de la rue. Nous devons nous montrer discrets.

J'ai soudain réalisé quel pitoyable spectacle je devais offrir, avec ma tunique déchirée (le tissu s'était accroché à la gouttière au cours de ma fuite), mon visage sale, mes cheveux emmêlés.

– D'accord, ai-je chuchoté en détournant la tête. N'en parlons plus.

La « personne sûre » s'appelle Martia. C'est l'ancienne nourrice de Lucius. À la mort de sa mère, il n'avait que quelques semaines ; Martia, qui venait de perdre son bébé, l'a élevé comme son propre enfant. Depuis quelques années, elle a ouvert, grâce à ses économies, une *fullonica* près de la porte de Capoue, où les gens du quartier portent leur linge à laver. C'est à l'autre bout de la ville, et Lucius pense que j'y serai en sécurité. Afrikanus répugne à s'éloigner du lupanar où, prétend-il, tout va de travers dès qu'il a le dos tourné.

– Je serai quand même obligée de me cacher…

– Peut-être pas. Martia est une femme de ressources.

Sur ces paroles mystérieuses, il m'a entraînée dans un dédale de ruelles sombres et sales. J'avais drapé le châle sur la tête de manière à dissimuler mon visage, et je marchais les yeux baissés. Lucius a fait tant de tours et de détours que j'ai très vite perdu la notion du temps, ainsi que de l'itinéraire emprunté. Mes sandales trop étroites me blessaient, et je me suis arrêtée pour en desserrer les lanières. Lucius me pressait :

— Nous sommes presque arrivés... La foulerie se trouve là, au coin. Dépêche-toi, il n'y a personne dans la rue, et je préfère qu'on ne nous voie pas entrer chez Martia.

J'ai senti une odeur âcre.

— Ce sont les amphores destinées à recueillir l'urine des passants, m'a expliqué Lucius. Martia l'utilise pour laver le linge.

Allais-je devoir vivre dans une telle puanteur ? C'était probable, et je ne me trouvais guère en situation de m'en plaindre. Sans protester, j'ai suivi Lucius qui s'est engouffré dans une maison, non par l'entrée de la *fullonica*, protégée par de solides volets de bois, mais par une porte latérale. Une femme portant une lampe à huile est venue à notre rencontre.

— Je m'inquiétais... J'ai cru que vous aviez été reconnus et arrêtés, a-t-elle chuchoté.

— Nous avons eu, hum, une petite discussion avant de partir, a bredouillé Lucius, dont les joues ont à nouveau viré au cramoisi.

– Est-ce là ton amie ? Comment t'appelles-tu, jeune fille ?

– Briséis, ai-je répondu à voix basse.

– C'est un joli nom, mais ici, il faudra en changer, a déclaré Martia. J'ai annoncé à deux ou trois matrones l'arrivée de ma nièce, une orpheline venue de Mediolanum pour m'aider. Ce sont d'incorrigibles bavardes, et la nouvelle a dû faire, à cette heure, le tour du quartier ! J'ai précisé que ta défunte mère était une affranchie d'origine grecque, ce qui pourrait expliquer ton accent ; mais il te faut un nom bien de chez nous. Que penses-tu de Terentia ? L'épouse du grand avocat Cicéron s'appelait ainsi... oui, ce nom te va bien. Bienvenue dans ma maison, Terentia. Lucius, retourne chez ton père, et ne traîne pas par ici ces prochains jours, tu éveillerais l'attention ! Allez, file, mon garçon...

« Me voilà nantie d'un troisième nom », ai-je songé en la suivant dans le corridor obscur. Briséis, Cadia, Terentia... Qui suis-je, en réalité ? Libre, esclave, fugitive... Dans quel lieu me sera-t-il donné de découvrir mon vrai visage ?

Nuit

Martia m'a demandé si j'avais faim. Je n'ai pas osé répondre oui, mais mon regard a dû parler pour moi ; elle m'a précédée dans la cuisine, un simple renfoncement dissimulé par un rideau, a touillé le contenu d'une marmite et m'a servi une écuelle de fèves relevées d'herbes aromatiques.

— Il y a du fromage, si tu l'aimes, et des figues. Je ne suis pas riche, Terentia, mais ma table est toujours ouverte. N'hésite pas, si ton ventre crie famine ! Ici, tu n'es plus une esclave, mais une jeune fille libre, qui gagne son pain grâce à son travail.

— Libre, ai-je répété à voix basse. Je ne sais pas si ce mot a encore un sens, pour moi. Il y a si longtemps…

— Crois-tu qu'on puisse désapprendre à être libre ? Ou, au contraire, apprendre à faire usage de sa liberté ? Je n'avais jamais pensé à cela. Après tout, tu as peut-être raison. En ce cas, nous te donnerons de douces leçons, et tu prendras plaisir à étudier ! Mais je t'assomme avec mes bavardages, a-t-elle conclu en riant. Mange en paix ; ensuite, je te montrerai où dormir, et demain, il fera jour !

Tout en me restaurant, je l'observais à la dérobée. Martia est une grande femme, aux hanches fortes et à la poitrine généreuse : ses cheveux roux, à peine striés de blanc, forment autour de sa tête une couronne de tresses brillantes comme le cuivre poli. Sa voix sonore, ses dents blanches, son nez retroussé donnent une impression de santé, de gaieté, d'assurance. Toutes qualités dont je me sens dépourvue… J'ai dû soupirer, car, laissant les pots qu'elle lavait, elle m'a tapoté le dos.

— Au lit, jeune fille… Tu n'en peux plus. Je vais

te porter une tisane qui t'aidera à dormir. Demain matin, ne bouge pas, attends-moi. Nous devons modifier un peu ton apparence avant que les employés de la foulerie te voient.

Reprenant sa lampe, elle m'a conduite jusqu'à une chambrette sous les toits, fort propre, sommairement meublée d'une paillasse et d'un tabouret.

Modifier mon apparence ? Qu'entend-elle par là ?

Je suis trop fatiguée pour réfléchir.

Martia a raison : demain, il fera jour.

9 *août*

Les premiers clients entraient dans la boutique, ce matin, quand nous sommes sorties. Martia m'avait prêté un châle long et épais, sous lequel j'étouffais, mais qui dissimulait aussi bien mes traits que ma silhouette.

— J'ai demandé à ma voisine, Domitia, de surveiller le travail en mon absence, m'a expliqué l'ancienne nourrice de Lucius. Elle me rend volontiers ce service quand je dois m'absenter. En outre, les quelques as que je lui donne pour sa peine lui permettent d'améliorer son ordinaire : son mari est mort, son unique fils est à l'armée. Elle n'a personne pour l'aider. Pressons-nous, Terentia ! Nous en avons pour la matinée.

— Où allons-nous ? ai-je haleté en courant sur ses talons.

– Aux bains.

Aux bains ? L'odeur du poulailler était-elle à ce point tenace qu'une blanchisseuse, habituée à travailler dans les relents d'urine, de soude et de linge souillé, ne puisse la supporter ? Je m'étais pourtant lavée, du mieux que j'avais pu, dans le seau apporté par Lucius… Martia marchait trop vite pour que je puisse réclamer une explication, aussi me suis-je contentée de trotter docilement dans son sillage. Les rues entourant la *fullonica*, que j'avais suivies sous le couvert de l'obscurité, étaient à présent bruyantes et animées. À chaque pas, ou presque, Martia devait répondre à un salut, mais elle ne s'arrêtait pas, se contentant de sourire et de hocher la tête. Installés devant leur porte pour profiter de la fraîcheur matinale, tisserands, cardeurs et cordonniers échangeaient des plaisanteries parfois corsées. J'ai senti le rouge me monter aux joues, et je me suis traitée intérieurement de sotte. Au lupanar, j'en avais entendu bien d'autres !

Sans ralentir, Martia a lancé :

– Tu sais que la section des femmes, aux thermes du forum, est encore fermée ; c'est aussi bien, je préfère ne pas être reconnue. L'établissement où je t'emmène est modeste, mais nous y serons tranquilles.

Nous avons continué notre chemin vers la porte de Nole. Les bains que fréquentait la blanchisseuse se trouvaient dans une maison que rien ne différenciait des autres. Nous sommes entrées dans une cour plantée de lauriers-roses; un oiseau, posé sur le rebord d'une vasque, s'est envolé. Un couloir masqué par un simple rideau conduisait à l'*apodyterium*. Ce vestiaire était exigu, mais très propre : un banc de ciment peint en jaune en faisait le tour. Des étagères fixées au mur attendaient de recevoir les vêtements des baigneuses. Intimidée – au lupanar, je faisais ma toilette dans une simple cuvette –, j'ai accroché ma *stola* à une cheville de bois et plié avec soin le châle prêté par Martia.

– Il n'y a pas ici de *tepidarium*, m'a-t-elle expliqué. Nous allons passer tout de suite dans le *sudatorium*.

Dans la salle où nous avons pris place, sur des banquettes recouvertes de draps immaculés, régnait une chaleur étouffante. Très vite, la sueur a ruisselé sur mon corps. Martia m'a donné alors un petit instrument en bronze, nommé *strigile*, à l'aide duquel je devais me racler la peau pour en ôter la transpiration et la crasse. Puis nous sommes passées dans le *caldarium*, la pièce réservée aux bains chauds, et enfin dans le *frigidarium*, où je me suis plongée dans une baignoire d'eau froide.

– Te voilà propre comme un sou neuf! a constaté Martia d'un air satisfait. À présent, nous allons te transformer en une personne bien différente de l'esclave que recherche Afrikanus...

– Fais-nous confiance, jeune fille...

J'ai sursauté. Une femme vêtue d'une tunique légère, d'un jaune éclatant, était entrée dans le vestiaire sans faire aucun bruit. Sa voix douce et grave s'accordait à la beauté de son visage encadré de cheveux noirs, aux yeux étirés vers les tempes.

— Voici Chédi, la propriétaire de cet établissement. Elle est égyptienne et connaît de nombreux secrets de beauté… Bien des femmes, qui cherchent à ranimer le désir de leur amant ou de leur époux, viennent la consulter.

L'Égyptienne s'est inclinée.

— Tu me fais trop d'honneur, Martia. Mais cette jeune fille n'a nul besoin d'artifices pour inspirer l'amour.

— Il ne s'agit pas de cela, Chédi. Terentia… tel est le nom que je lui ai donné… avait besoin d'un refuge sûr et discret. Je le lui ai offert. Mais, si elle venait à être reconnue, sa présence sous mon toit pourrait m'attirer de gros ennuis. Sans parler de sa propre sécurité… Peux-tu modifier son apparence ?

— Bien sûr.

Les yeux mi-clos, la femme m'étudiait.

— Nous allons teindre tes cheveux et tes sourcils. Un léger maquillage dissimulera tes cils clairs et tes taches de rousseur… Pour la couleur des yeux, je ne peux rien faire, hélas ! Cette nuance de bleu-vert est peu courante.

— En public, tu devras garder les paupières baissées, comme une jeune patricienne bien élevée, a gloussé Martia. Ta présence donnera du lustre à mon humble boutique ! Chédi, c'est le moment de nous montrer tes talents !

Douzième heure

J'ai trouvé, dans l'une des chambres à l'étage, un fragment de miroir où je contemple, fascinée, ma nouvelle image. Par-delà la surface un peu trouble, une inconnue me dévisage. Brune, le teint mat, elle paraît plus âgée, une cousine ou une sœur aînée ; ses yeux verts, ombrés de cils foncés, ne révèlent rien de ce qu'elle ressent.

Avec un frisson, je rejette le fragment aux arêtes irrégulières. Comme il est étrange de ne pas se reconnaître soi-même ! Pourtant, chacune des étapes de ma transformation est encore bien présente à mon esprit. Ce visage, je l'ai vu naître.

Tout d'abord, Chédi a lavé mes cheveux, puis elle les a enduits d'une pâte odorante et légèrement piquante. Une fois rincée, ma chevelure châtain clair avait laissé place à de longues mèches d'un noir lustré. Par chance, ma coiffure ne révèle pas ma condition, car Afrikanus ne m'a jamais obligée à porter les cheveux courts, comme il est de règle pour les esclaves. Je suppose qu'il craignait de « gâter la marchandise » !

Nous sommes passées ensuite dans une petite pièce au centre de laquelle trônait une vaste baignoire.

L'eau brune qui l'emplissait m'inspirait quelque répugnance, mais Chédi m'a rassurée :

– C'est une teinture à base de plantes, inoffensive. Elle va brunir ta peau ; un peu de fard nous permettra de parfaire l'illusion. Tu devras revenir me voir régulièrement, car la couleur pâlira au fil des jours. Un conseil : ne te lave pas trop !

J'ai froncé le nez, dégoûtée, tandis que Martia éclatait d'un rire sonore. Étendue dans la baignoire, la nuque soutenue par un coussin, j'ai prêté un moment l'oreille au bavardage des deux femmes, puis, sous l'effet d'une légère somnolence, mes pensées ont dérivé. Un rideau de cheveux sombres dansait devant mes yeux... les cheveux de ma mère... Enfant, j'aimais enfouir mon visage dans leur masse odorante. Elle écrasait toujours des feuilles de menthe dans l'eau dont elle se servait pour les rincer, et le moindre des mouvements de sa tête répandait autour d'elle un parfum frais et poivré.

Quand elle est tombée, un poignard planté dans le dos, son voile a glissé et ses cheveux se sont étalés sur le sable comme une coulée de nuit.

Une nuit sans aurore, désormais.

J'ai senti une main légère se poser sur mon épaule.

– Terentia...

J'avais déjà oublié mon nouveau nom.

– Tu pleures ?

J'ai touché mon visage : mes joues étaient baignées de larmes.

— Elle s'est endormie, a dit la voix de Martia. Un mauvais rêve. Le premier rayon de soleil le chassera.

Si seulement elle avait pu dire vrai !

10 août

Je suis épuisée ; de tout le jour, la foulerie n'a pas désempli. Debout derrière le comptoir, je secondais Martia, qui m'a présentée à tous comme sa nièce, venue l'aider jusqu'à la cueillette des olives. À ma présence, elle a trouvé de surcroît une explication fantaisiste : un fiancé fauché par la maladie dans la fleur de l'âge, la nécessité de me changer les idées, d'atténuer les souvenirs douloureux. Et pas question, menaçait-elle, de me conter fleurette ! Me laisser tranquille, me traiter avec respect, telle une veuve, la consigne était claire ! Sous cape, je riais de sa mine féroce et de son sens du théâtre. Un jeune homme aux cheveux bouclés, qui me coulait des regards admiratifs, en est resté bouche bée.

Pendant que ma « tante » discutait avec les clients et comptait les pièces, je ramassais les ballots de linge malodorant que je portais aux ouvriers. L'un d'eux est chargé de le laver et de le fouler dans un grand bac rempli d'eau et de soude, ou d'urine ; un autre le passe à la craie à blanchir, le bat, le rince ; un troisième l'essore, puis l'étend dans la petite cour.

Une servante s'occupe du repassage et des travaux délicats : certains vêtements sont exposés, dans des cages d'osier, à des vapeurs soufrées qui rendent le tissu plus brillant ou en accentuent la blancheur. Cette opération, qu'on ne renouvelle heureusement pas tous les jours, sature l'atmosphère d'un relent d'œufs pourris.

Moi, je courais de l'un à l'autre, me cognant parfois au gamin qui rapporte l'urine des latrines publiques et collecte les amphores disposées le long des rues pour que les passants puissent se soulager, « et contribuer ainsi à la prospérité de mon commerce », comme dit Martia. Un bien malodorant commerce ! Mais je ne peux pas me permettre de faire la difficile...

12 août

Aujourd'hui, Martia m'a demandé de livrer le linge. La plupart des clients de ce quartier populaire viennent à la boutique, mais certains, qui vivent dans les luxueuses demeures proches de la porte d'Herculanum ou de la grande palestre, ne se déplaceraient pour rien au monde ; leurs esclaves sont là pour ça.

— C'est curieux, a remarqué Martia ce matin en tapotant le flanc rebondi d'une corbeille d'osier. Le serviteur de Julia Felix aurait dû venir il y a deux jours... J'espère que je n'ai pas travaillé pour rien !

— Julia Felix ? ai-je répété. Qui est-ce ?

– Tu n'as jamais entendu parler d'elle? La fille de Spurius est l'une des plus riches propriétaires de la ville. C'est pourquoi elle ne paie jamais d'avance, a-t-elle ajouté en riant. Elle est dure en affaires! Beaucoup de boutiques, à Pompéi, lui appartiennent, et elle n'est jamais en retard pour réclamer ses loyers… En revanche, ses fournisseurs sont habitués à patienter!

Elle m'a toisée des pieds à la tête. Sans doute le résultat de cet examen lui a-t-il paru satisfaisant, car elle a déclaré :

– Tu pourrais porter cette corbeille. Elle n'est pas très lourde, et la promenade te changera les idées. Mais n'oublie pas de réclamer ton dû! Pas d'argent, pas de linge!

Luttant contre la peur qui m'envahissait, j'ai hoché la tête. La perspective de m'éloigner un moment de l'étroite et bruyante boutique, de respirer un air plus pur, était tentante mais, chez Martia, je me sentais en sécurité. En servant les clients, elle me surveillait du coin de l'œil et je savais que personne, en sa présence, ne me poserait de questions indiscrètes. Dès que j'aurais tourné le coin de la rue, chacun pourrait m'accoster, me parler, qui sait? me reconnaître…

Martia a dû deviner mes pensées, car elle m'a adressé une douce remontrance :

– Le monde ne tourne pas autour d'une esclave en fuite, Terentia. La plupart des gens qui t'ont côtoyée à Pompéi gardent le souvenir flou d'une fillette blonde, à la peau claire, un peu sauvage et timide... Même si tu croisais Afrikanus, je ne suis pas sûre qu'il te reconnaîtrait. Tu peux y aller sans crainte.

Septième heure

J'ai suivi le mur d'enceinte jusqu'à la porte du Sarno; là, il fallait tourner à droite, m'avait expliqué Martia, et j'arriverais très vite à la maison de Julia Felix. En marchant, je m'étais rassurée peu à peu. Nul, en effet, ne prêtait attention à la jeune fille portant une corbeille de linge plié, qui cherchait l'ombre des remparts et aspirait à pleins poumons l'air du matin.

M'enhardissant, j'ai décidé de faire un détour par l'amphithéâtre tout proche. Dans ce quartier de jardins et de vergers, c'est l'édifice le plus imposant, et je ne l'avais jamais vu de près. Il y a vingt ans, une rixe entre les habitants de Pompéi et ceux de Nocera ayant causé la mort de nombreuses personnes, Néron a pris la décision d'interdire pour dix ans les jeux et les combats. Une mesure impopulaire, qui n'a fait que renforcer l'hostilité entre les deux villes. Mais, après le dernier tremblement de terre, l'édifice, lézardé, a été le premier à être remis en état, et les affiches rouge et noir annonçant la réouverture de l'arène ont à nouveau fleuri sur les murs. Les citoyens de Pompéi aiment les jeux à un point incroyable : parades, combats de gladiateurs et de fauves satisfont leur goût du sang. Ils s'entassent sur les gradins, patriciens, affranchis, paysans, ouvriers, séparés par leur fortune et leur condition sociale et pourtant unis par le déchaînement de leur passion. Ils mangent, boivent, apostrophent les combattants, exigent la mort des vaincus, prennent des paris. Les femmes sont admises dans la tribune supérieure ; elles ne sont pas les dernières à encourager leurs favoris. Bien des patriciennes choisissent leurs amants parmi les gladiateurs, et les murs de la ville sont couverts d'inscriptions célébrant leurs exploits guerriers et amoureux. Celadus et Crescens, ce dernier surnommé « seigneur et médecin des belles de nuit », sont adulés comme des dieux.

Flânant le long des escaliers extérieurs, j'ai fait le tour de l'amphithéâtre. L'endroit était calme et désert. On ne donne pas de jeux pendant les mois de grosse chaleur, aussi ne pouvais-je qu'imaginer la foule se pressant aux entrées, les vendeurs ambulants offrant boissons, éventails, gâteaux au miel, brochettes dégoulinantes de graisse. Dans un renfoncement, j'ai pu lire : « Avec la permission des édiles, Cnaeus Aninius occupe cet emplacement. » Un peu plus loin, cet appel : « Si quelqu'un a laissé s'échapper une jument chargée de paniers le 25 novembre, qu'il s'adresse à Quintus Decius Hilarius, affranchi de Quintus, ou à Lucius Decius

Amphius, affranchi de Lucius, au-delà du pont sur le Sarno, chez les Mamii. » Une annonce pour les combats du dernier printemps, « Vingt paires de gladiateurs d'Aulus Suetius Parthenius et l'affranchi Niger s'affronteront à Puteoli », voisinait avec des aveux d'amour, « Séjan, le meilleur des amants », « Cornelia Helena aime Rufus ». J'ai ri, avant de réaliser qu'un certain jeune Gaulois aux cheveux blonds n'était peut-être pas étranger à ma flânerie. Avais-je souhaité, à mon insu, rencontrer Tarvos sous les arcades ? Je pouvais bien me moquer de ces femmes qui étalaient, sans pudeur, leurs passions sur les murs de la ville ! Je n'étais pas plus vertueuse, seulement plus hypocrite… et stupide. Car je n'avais aucune chance de croiser un apprenti gladiateur en ces lieux désertés. La grande palestre, où naguère s'entraînaient les jeunes athlètes, est encore en travaux. Lors du dernier tremblement de terre, le mur nord s'est effondré et n'a pas encore été relevé, et la piscine est vide. Si je voulais revoir Tarvos, il me fallait diriger mes pas vers la caserne des gladiateurs, aménagée dans le portique de l'ancien théâtre, non loin du temple d'Isis.

Troublée, mécontente de moi-même, j'ai déposé un instant mon panier pour rajuster le voile qui me protégeait des regards curieux, et continué mon chemin vers la maison de Julia Felix.

14 août

Après le repas du soir, deux amies de Martia sont venues frapper à la porte : Domitia, sa voisine, et Candida, la jeune épouse du cordonnier.

– Mon mari est à la taverne, a-t-elle déclaré. Il rentrera ivre mort – s'il rentre ! Verse-nous du vin doux, Martia, et sors les cornets à dés ! Les femmes aussi ont le droit de s'amuser !

Nous avons joué aux dés, puis aux osselets, nous exclamant à chaque coup heureux ou malheureux. Le coup du chien est le plus mauvais, le coup de Vénus le meilleur, et la chance a voulu que je réussisse trois beaux lancers. Martia a fait chauffer des galettes ; j'ai bu deux pleins gobelets d'un vin qui m'a grisée. Je riais sans pouvoir m'arrêter aux anecdotes scabreuses que contait Candida sur les gens du quartier.

Quand elles sont parties, l'aube rosissait les toits. Martia a fait semblant de se fâcher, disant qu'elle ne tolérerait pas dans sa boutique une employée titubante et somnolente, qu'elle serait obligée de me faire tâter du fouet, mais elle riait en proférant ces menaces. Elle m'a aidée à monter l'escalier ; à la porte de ma chambre, elle m'a souhaité « la bonne nuit, ou ce qu'il en restait » en m'embrassant sur la joue.

– J'aurais aimé avoir une fille comme toi, Terentia, a-t-elle murmuré.

Je lui ai rendu son baiser.

– J'ai eu une mère. Mais, s'il me fallait en choisir une autre, j'aimerais qu'elle te ressemble...

16 août, nuit

Mes doigts tremblent – j'ai lâché plusieurs fois mon stylet.

Hier, j'ai livré à nouveau une corbeille de linge chez Julia Felix. L'intendante, une affranchie d'âge mûr nommée Felicula, que j'avais déjà vue à ma première visite, m'a fait patienter dans le jardin, près de l'entrée des appartements privés. La demeure, immense et somptueuse, n'est pas réservée au seul usage de sa propriétaire : les thermes qui la jouxtent sont ouverts au public. De petits groupes d'hommes se promenaient sur les allées sablées, rasés de près et vêtus de tuniques propres. Tous conversaient à voix basse ; je ne prêtais pas attention à leurs propos. Parfois un éclat de rire, un mot volaient jusqu'à moi, comme des papillons entraînés par la brise. Felicula ne réapparaissant pas, je commençais à m'impatienter quand un nom m'a frappée : « Albucius Celsus ». Un frisson glacé m'a parcourue avant même que le souvenir lié à ce nom n'émerge de ma mémoire. Albucius Celsus... n'était-ce pas l'édile dont Quintus Poppaeus et son affidé Marcus Fronto complotaient la perte ? Deux patriciens avançaient dans ma direction, le long du péristyle. Un seul coup d'œil m'a suffi pour reconnaître Marcus. Son compagnon m'était inconnu. Les traits empâtés, le crâne dégarni, il se déplaçait avec une lenteur majestueuse. D'instinct, je me suis retirée dans l'ombre d'une colonne, mais mon voile s'est accroché à une saillie de la pierre et a glissé. Le mouvement que j'ai esquissé pour le ramasser a attiré l'attention du plus âgé des deux hommes. Il m'a souri.

— Charmante, a-t-il murmuré.

J'ai baissé la tête, trop tard. Marcus Fronto me dévisageait, les sourcils froncés.

— Je te connais, non ? m'a-t-il interrogée abruptement. N'es-tu pas servante chez…

— Tu te trompes, seigneur, ai-je répondu. Je suis blanchisseuse et…

— Terentia ! Où es-tu ?

La voix de Felicula ! Je me suis inclinée, avant de me détourner au plus vite. Marcus me fixait toujours d'un air perplexe, comme s'il cherchait à retrouver, au plus profond de sa mémoire, un souvenir fuyant. Son compagnon a éclaté de rire.

— Marcus ! Tu sembles plongé dans une âpre réflexion ! Les flèches d'Eros t'auraient-elles touché, ami ? Foi d'Albucius, je ne t'ai encore jamais vu rester coi devant une fillette, si jolie soit-elle !

Je me hâtais déjà vers le portique, où m'attendait l'intendante avec son ballot de linge à laver. Je n'ai écouté que d'une oreille ses recommandations : mon cœur battait à tout rompre. Fuir ! Me cacher ! Une petite voix me chuchotait que c'était la dernière chose à faire. Terentia, honnête blanchisseuse, n'avait aucune raison de se défier de Marcus Fronto, encore moins de le craindre au point de détaler comme une voleuse… J'ai calé la corbeille sur ma hanche et me suis dirigée d'un pas nonchalant vers la rue. Sans oser me retourner, j'ai longé les jardins et, au premier tournant, j'ai couru, couru, comme si toutes les Furies de l'enfer me poursuivaient, ne ralentissant qu'aux premières maisons du quartier, désormais familier, de Martia.

Il est tard, très tard, et une chaleur lourde pèse sur la ville. Pourtant, je frissonne. Je tente de me raisonner : le soir du banquet chez Quintus Poppaeus, Marcus Fronto ne m'a vue à aucun moment. J'étais cachée derrière l'écran de feuillage, et, quand j'ai quitté la maison, l'*atrium* était désert… Oui, mais j'ai cru sentir une présence… M'aurait-il aperçue ? Et quand bien même ? Mon apparence a changé…

Je me répète que je n'ai aucune raison d'avoir peur, contrairement à ce pauvre Albucius, qui se promène en toute tranquillité avec son assassin… Son visage me hante. Il va mourir, et il l'ignore.

Sa vie est entre mes mains.

Les mains d'une esclave en fuite, désarmée et terrifiée.

17 août

Je n'ose pas me confier à Martia ni à Lucius, qui n'est d'ailleurs pas encore venu me rendre visite. L'un comme l'autre, je le pressens, me conseilleraient d'oublier toute cette histoire. Que les loups se dévorent entre eux! Albucius lèverait-il le petit doigt pour me sauver? Que lui importe le sort d'une esclave? Jamais les puissants n'ont tenu compte des souffrances de la plèbe. Les candidats aux élections paient des hommes comme le père de Lucius pour inscrire leur nom sur les murs de la cité; ils offrent des jeux pour séduire et rallier les hésitants, mais ne châtieront pas le maître qui roue de coups l'une de ses servantes.

Pourtant, je ne parviens pas à oublier que cet homme est condamné à mort...

Comment le prévenir? Je peux me rendre chez lui, mais me recevra-t-il? Et, même si je réussis à lui parler, quelles raisons aurait-il de me croire? Ma parole, contre celle d'un Marcus Fronto, ne pèse pas plus qu'un grain de blé emporté par le vent...

19 août

Il fait une chaleur étouffante. En sortant chercher de l'eau, ce matin, j'ai trouvé devant la porte un oiseau mort, le bec grand ouvert.

– C'est le manque d'air, a dit Martia. Les pauvres,

c'est à peine s'ils peuvent voler. Un vrai temps de tremblement de terre !

Les femmes, à la fontaine, répétaient les mêmes mots. « Un temps de tremblement de terre ! Pas une vague dans le port, pas un souffle de vent. Aux thermes, hier, les bassins sentaient l'œuf pourri, ma maîtresse s'en est plainte... Le chien du portier a hurlé à la mort toute la nuit, je n'ai pas pu fermer l'œil... Quelle chaleur ! Un orage nous rafraîchirait. Je me promènerais bien toute nue ! » Elles riaient. Personne, à Pompéi, ne redoute les secousses de la terre – elle tremble si souvent ! Et depuis dix-sept ans, aucune maison ne s'est effondrée.

Je suis rentrée à pas lents, ma cruche sur l'épaule. J'aimerais me cacher dans une chambre obscure, dormir, échapper aux pensées qui me tourmentent. Mais les odeurs qui stagnent dans la blanchisserie me donnent la nausée, et je saisis le moindre prétexte pour sortir. Ce matin, Martia m'a envoyée chez le cordonnier chercher ses nouvelles sandales, puis chez le boulanger, où j'ai dû patienter longtemps. Un serviteur de grande maison, aussi hautain que son maître, passait commande de petits pains au miel et aux graines d'anis, ainsi que de gâteaux au fromage, de priapes en pain d'épice et de pâtes de froment farcies de raisins et de noix. La canicule n'empêche pas les riches de se goinfrer... Il est vrai qu'ils n'ont pas grand effort à fournir.

Albucius est l'un de ces trop-nourris : sa panse, ses bajoues, sa démarche lente le proclament.

Doit-on pour autant l'égorger comme un cochon dont on veut faire ripaille ?

J'ai beau courir et m'étourdir, tout me ramène à lui : les appels au vote peints sur les murs en lettres rouges, les riches effluves de ragoût s'échappant des tavernes bondées, les bagues d'un oisif qui, sur le forum, appuie son discours de grands gestes de la main...

20 août

La terre a tremblé, ce matin. Dans la cuisine de Martia, des pots sont tombés d'une étagère et se sont brisés.

J'ai dû retourner chez l'Égyptienne, car une ligne plus claire commençait à apparaître à la racine de mes cheveux, et mon teint pâlissait. Allongée dans la baignoire, j'ai regardé l'eau clapoter autour de mes poignets et de mes chevilles. Malgré la chaleur, j'avais froid. La mort par noyade est-elle douloureuse ? Rapide ? Que ressent-on quand l'air déserte les poumons ? Au cours d'un banquet, il serait facile de pousser Albucius dans un bassin et de l'y maintenir. Personne n'y verrait rien de suspect : un ivrogne qui titube, tombe et ne peut se relever, quoi de plus banal ? « Pauvre Albucius ! Il avait abusé du falerne... Il a demandé trois fois à son esclave de le resservir, je l'avais prévenu pourtant que la truie rôtie, avec sa farce de boudins et d'oignons au miel, lui pèserait sur l'estomac… Quelle perte pour notre cité ! » Hypocrites ! Assassins !

Chédi a perçu ma préoccupation.

— Terentia, tu as des soucis ? m'a-t-elle interrogée en démêlant mes cheveux mouillés. Je connais Martia, c'est une femme de bien, honnête, dure à la besogne, mais bonne comme le pain… Jamais, j'en suis sûre, elle ne te chargerait volontairement d'une tâche excédant tes forces. Est-ce le cas ?

— Non… Martia prend soin de moi comme si j'étais vraiment de sa famille. Dis-moi, Chédi…

— Oui ?

— Si tu apprenais que l'on s'apprête à jouer un mauvais tour à une personne que tu connais… enfin, dont tu connais l'identité… L'en avertirais-tu, au risque de ne pas être crue ?

— Un mauvais tour ? Quel genre de mauvais tour ?

D'instinct, j'ai baissé la voix.

— Un mauvais tour qui pourrait avoir des conséquences graves… mortelles.

Les mains de Chédi se sont posées un instant sur ma tête. Puis elle a contourné ma chaise et s'est assise en face de moi sur un tabouret.

— Terentia… ou quel que soit ton véritable nom… Non, ne me dis rien ! Je ne veux pas le connaître… Quand je suis arrivée ici, esclave comme toi, c'est-

70

à-dire valant un peu plus qu'un chien mais beaucoup moins qu'un cheval, j'ai très vite appris que le silence était ma meilleure défense. N'as-tu pas reçu assez de coups ? Martia m'a confié, à mots couverts bien sûr, une partie de ton histoire. C'est ta propre vie qu'il faut sauver, ma petite.

— Mais… laisser commettre un crime ?

— Un crime ? Est-ce que cela concerne… un ami ?

— Non. Un patricien. Mon ancien maître louait mes services, comme musicienne. À la fin d'un banquet, j'ai surpris une conversation.

Et je lui ai tout raconté, taisant seulement, par prudence, le nom des protagonistes. À la fin de mon récit, elle s'est levée et a fait quelques pas dans la pièce, soulevant un vase pour le reposer aussitôt, dépliant et repliant des linges. Son trouble était visible.

— Je ne sais que te conseiller, a-t-elle dit enfin. Je comprends ton dilemme… mais je suis plus âgée que toi, et la vie m'a donné de dures leçons. Crois-moi, il vaut mieux laisser les puissants croupir dans leur jus de corruption. Cet homme, cet édile, qu'a-t-il fait pour toi ? S'est-il jamais soucié de ton sort ?

— Non, ai-je soufflé.

— Alors, oublie-le. Dans quelques jours, on célébrera les Vulcanalia : on allumera le bûcher sacré, et on y jettera de petits poissons pour rassasier le dieu Vulcain, car il désire plus que tout les seules créatures qui ne craignent pas son feu dévorant. Du moins, ce sont les croyances de ce pays… La ville tout entière sera en fête, et les portes moins surveillées. Martia pense que nous pourrons alors te faire franchir les remparts sans risque d'être remarquées. Je te guiderai jusqu'à Salerne ; là, un de mes… amis t'attendra.

– Un ami ? ai-je relevé.

– Un amant. Il est pêcheur… et il connaît beaucoup de monde sur la côte. Il t'aidera à rentrer chez toi. C'est bien ce que tu désires ?

Chez moi… Ma tête tournait. Revoir les collines, la maison de mon père, le village…

– Je ne sais pas, Chédi, ai-je chuchoté. Chez moi… il n'y a plus rien.

J'avais vu, du bateau, les flammes dévorer notre maison… Mon père et tous nos serviteurs avaient sûrement péri dans l'incendie. Que me restait-il, sur ces rivages dont j'avais tant rêvé ? Les cendres des morts s'incorporant lentement à la terre que les miens avaient nourrie de leur sueur.

Rentrer chez moi… un cadeau inattendu, dont je ne savais que faire.

La nuit est déjà bien avancée, mais je ne parviens pas à dormir. J'étouffe. L'air est lourd et moite. Je me suis assise sur le rebord de la fenêtre sans trouver le moindre soulagement. À la puanteur de la rue s'ajoute une autre odeur, écœurante, inconnue, qui me parvient par bouffées. Un chien est couché devant l'une des maisons voisines ; il halète. Je vois ses flancs se soulever. Puis soudain il se lève et file comme une flèche, les reins voussés, comme s'il craignait le bâton. De quoi a-t-il peur ? Rêvait-il ? Les chiens sont-ils parfois effrayés par leurs songes ?

Tout à l'heure, j'ai remercié Chédi, mais ma voix manquait de conviction, et j'ai peur de l'avoir blessée. Son dévouement mériterait une meilleure récompense.

Je partirai, puisqu'il le faut. Mais, avant, je mettrai Albucius en garde contre ses ennemis… ou plutôt contre ceux qu'il croit ses amis.

Si je ne le fais pas, j'aurai, toute ma vie, peur de mes songes, et même de ma propre image dans le miroir.

21 août

Comme je sortais porter au potier la commande de Martia, un grondement s'est fait entendre et j'ai senti, sous mes pieds, le sol frémir. De l'intérieur de la boutique m'est parvenu un bruit de vaisselle cassée et une exclamation exaspérée.

Les potiers de Pompéi vont avoir du travail !

J'hésite encore à me rendre chez Albucius. J'ignore où se trouve sa demeure, mais il ne doit pas être bien difficile de le savoir.

Un peu après la neuvième heure

Lucius est venu me voir. Il est resté en retrait, près de la porte, et m'a regardée travailler un long moment. Je sentais son regard sur moi, sans me sentir flattée, plutôt gênée et mécontente, comme s'il m'avait touchée sans mon consentement. J'apportais des corbeilles de tuniques et de draps bien pliés, que je posais sur le comptoir avec une inutile brusquerie ; Martia a fini par remarquer mon comportement et m'a glissé quelques pièces.

– L'heure du repas approche, et je n'ai rien préparé ! Allez donc manger quelque chose, Lucius et toi, chez Rufus. Ne te presse pas, Terentia, je me débrouillerai.

À son air complice, j'ai compris qu'elle nous croyait amoureux, et ma gêne a redoublé. Mais j'ai pris les pièces sans rien dire et je suis sortie de la boutique, invitant, d'un geste, Lucius à me suivre.

La *caupona* de Rufus se trouve dans une ruelle, non loin de la blanchisserie. Dès le matin, les ouvriers du quartier viennent y avaler une bouillie de céréales accompagnée de fromage ou d'olives. Un comptoir en L supporte de grandes jarres, les *dolia*, pleines à ras bord de fèves ou de pois ; les clients, pour la plupart, mangent debout, mais des bancs sont installés le long des murs. Il y a même quelques tables pour les joueurs de dés ou d'osselets.

– Que veux-tu ? m'a demandé Lucius.

Je me suis assise sur l'un des bancs et lui ai tendu les pièces.

– Je n'ai pas très faim, ai-je répondu du bout des lèvres. Choisis pour moi.

Il s'est approché du comptoir où Rufus officiait, puisant à grandes louchées dans ses *dolia* pour remplir les écuelles qu'il faisait ensuite tournoyer à bout de bras. En l'attendant, je me suis distraite à déchiffrer quelques-unes des inscriptions qui couvraient les murs : un joueur y vantait ses gains – « J'ai gagné au jeu à Nuceria 855 deniers et demi, et sans tricher » –, un buveur, la profondeur de son ivresse – « Salut à vous, nous sommes pleins comme des outres ! » Un « Vive Néron ! » recouvrait presque une confidence égrillarde : « J'ai couché avec la patronne ! » Les clients entraient et sortaient, toujours plus nombreux. Beaucoup d'habitants de Pompéi n'ont pas de fourneau chez eux, par manque de place, et fréquentent les *cauponae*, où ils peuvent se procurer, pour une somme modique, un repas chaud.

Lucius a rapporté deux fouaces brûlantes et deux gobelets de vin au miel.

– Bri… Terentia, a-t-il chuchoté en prenant place à côté de moi sur le banc. Il faut que je m'habitue à ce nom, et aussi à ta nouvelle apparence. Comme tu as changé ! Je t'ai à peine reconnue. Tu as l'air… bien plus âgée.

Rouge comme une cerise, il a baissé les yeux sur sa portion de fouace.

Mais je n'avais pas l'intention de me laisser entraîner dans une discussion sur mon physique.

— Lucius, je voudrais te demander encore un service, ai-je lancé sans préalable.

— Av… avec plaisir, a-t-il bafouillé.

— Bientôt, je quitterai Pompéi, et je voudrais…

— Bientôt ? m'a-t-il interrompue. Quand ?

— Pendant les fêtes dédiées à Vulcain. Une amie de Martia me fera franchir les portes.

Lucius semblait désemparé. Il a émietté un morceau de sa fouace, qu'un pigeon est venu picorer aussitôt.

— Mais… que feras-tu, ensuite ?

Comme j'aurais aimé pouvoir répondre à cette question !

— Je ne sais pas. Peut-être retournerai-je en Grèce… chez moi.

— Terentia…

Il a pris ma main et l'a serrée.

— Je sais que tu ne m'aimes pas…

— Mais si, Lucius, je t'aime beaucoup, lui ai-je assuré avec douceur.

— C'est bien ce que je voulais dire : tu m'aimes *beaucoup*, et moi je t'aime, tout simplement. Mais j'attendrai… j'attendrai que tu m'aimes. Épouse-moi !

J'ai failli éclater de rire.

— Tu es fou ! Et votre voisin, Afrikanus, crois-tu qu'il supporterait de bon cœur ma présence à ton

76

foyer ? Je suis une esclave, tu sembles l'avoir oublié !
J'ai fui sa demeure, je risque la mort !

– Mon père te rachètera à Afrikanus, puis il
t'affranchira.

J'ai scruté son visage aux rondeurs encore enfan-
tines. Il était sincère, prêt à écarter d'un revers de
main les difficultés qui ne manqueraient pas de surgir
si j'accédais à ses désirs – prêt, aussi, à ignorer mes
sentiments. Pensait-il réellement que je feindrais de
l'aimer pour acheter ma tranquillité et ma sécurité ?
En quoi, alors, me montrerais-je différente des pen-
sionnaires du lupanar, payées pour flatter les hommes
et subir leurs caprices ?

– Non, Lucius. Je ne t'épouserai pas.

Il a ouvert la bouche – pour protester ou plaider
sa cause – mais je l'ai arrêté d'un geste.

Tu es mon ami, et le seul qui puisse m'aider.
Veux-tu m'écouter ?

– Je ferais n'importe quoi pour toi, tu le sais bien,
a-t-il marmonné.

– Lors du dernier banquet où j'ai joué, ai-je
commencé en baissant la voix, j'ai surpris une
conversation…

22 août

Lucius voulait à tout prix se rendre lui-même
chez Albucius Celsus ; je l'en ai dissuadé. Sa famille
est connue à Pompéi et il ne doit pas mêler le nom

de son père à la dénonciation d'un complot. Comme il s'inquiétait de ma sécurité, je lui ai promis de ne pas me charger moi-même de cette démarche : je ferais porter un message par l'intermédiaire de Rufus, qui rend souvent ce genre de service à ses clients.

Mais je n'ai pas tenu ma promesse.

Je me suis présentée chez Albucius Celsus ; un petit homme sec, bien habillé, qui se proclamait son secrétaire, m'a éconduite.

– L'édile est très occupé, jeune fille. Délivre-moi ton message, ou ta supplique : je transmettrai.

J'ai secoué la tête.

– Je ne peux pas. C'est… trop important.

Il a ri, mais ses doigts martelaient avec impatience le bois de la table.

– Important ! s'est-il esclaffé. Tu ne doutes de rien, la belle ! Une fille comme toi… que peux-tu avoir à lui dire de si important ? Un marchand t'aurait-il vendu un bijou en cuivre au prix de l'or ? Ton père convoite-t-il un emplacement au marché ? Ou bien…

Il s'est penché vers moi, les yeux plissés.

– Albucius aurait-il omis de te payer une nuit d'amour ? En ce cas, nous pourrions peut-être nous arranger, toi et moi…

Il a souri d'un air complice, découvrant des dents noircies.

– Je… je reviendrai, ai-je balbutié avant de faire volte-face.

– Je l'espère bien ! a-t-il crié. Quand tu veux !

En me hâtant vers la porte, j'ai entendu des voix ; une conversation brutalement interrompue, le bruit d'un rideau qu'on tirait sur sa tringle. J'ai eu peur : une menace imprécise rôdait. Une fois dans la rue, je me suis fustigée : pourquoi avoir pris ce risque insensé ?

Une seule réponse : je me serais détestée. La vie ou la mort d'un homme… ce n'est pas rien.

Et maintenant ?

23 août

Et maintenant…

Je suis enfermée dans une cave, j'ignore où. Le sac de toile contenant mes instruments de musique et mes livres de tablettes est posé à côté de moi. Un peu de jour filtre par un soupirail garni de solides barreaux. Il se trouve trop haut pour que je puisse l'atteindre ; des herbes folles poussent devant l'étroite ouverture. Le silence est presque total : m'ont-ils emmenée hors de la ville ?

Hier, en rentrant chez Martia, j'ai eu l'impression, à plusieurs reprises, d'être suivie. J'ai fait de nombreux détours, me rassurant à la pensée que la foule me protégerait ; avant d'entrer dans la foulerie, j'ai observé les alentours, mais je n'ai rien vu de suspect. Pourtant, j'ai passé une mauvaise nuit. Et, quand au matin une fillette s'est présentée à la boutique, porteuse d'un message de Lucius, j'ai saisi l'occasion de m'éloigner.

Le message était bref : Lucius avait trouvé un moyen de rencontrer Albucius Celsus sans témoins ; il ne pouvait me dire où ni quand, mais me donnait rendez-vous à la troisième heure au pied du château d'eau, tout près de la porte du Vésuve. J'ai prévenu Martia, qui a souri avec indulgence, et j'ai couru, car je ne disposais que de peu de temps.

Je ne sais pas pourquoi j'ai emporté mon sac... Avais-je pressenti ce qui allait se passer ?

Au château d'eau, personne. J'ai battu le pavé pendant une heure, me garant pour laisser passer les charrois qui sortaient de la ville. Des grondements sourds venaient de la montagne, et la terre tremblait sous mes pieds ; encore une secousse... encore une... Non, c'était une carriole lourdement chargée, qui passait dans un bruit de ferraille et de jurons. Sous l'auvent d'une boutique, une jarre de farine, fissurée, laissait s'échapper son contenu ; le boulanger et son mitron, qui s'affairaient à en récupérer le plus possible à l'aide de récipients divers, en étaient couverts. On eût dit des morts appelant à grands gestes le passeur Charon, sur les rives du Styx. Des morts, ou des masques... À les voir ainsi, avec leurs yeux fixes et sombres dans un visage plâtré, une peur insidieuse m'a prise. C'était une vision de cauchemar. J'imaginais tout un peuple figé dans la même lividité, les mains levées comme pour implorer les dieux, la bouche ouverte sur des plaintes sans écho ou de silencieuses malédictions. J'avais oublié ma mauvaise humeur, et je me suis résolue à ne pas attendre plus longtemps. Je voulais quitter cet endroit, ne plus voir ces faces blanches, poudrées... Mais, au premier coin de rue, des pas pressés ont soudain retenti derrière moi ; une étoffe rude a été jetée sur ma tête, tandis que des mains m'empoignaient, me soulevaient, m'emportaient. J'ai tenté de me débattre, j'ai crié, mais en vain. Un poing a frappé ma tempe, et je me suis évanouie.

Nuit
Un homme est entré, portant une torche. Je me suis recroquevillée dans un angle de la pièce.

– N'aie pas peur, a-t-il dit d'une voix doucereuse. Je ne te veux aucun mal... pour le moment.

Comme il s'approchait, je l'ai reconnu : Marcus Fronto ! Il m'avait retrouvée !

Lucius... La fillette avait prétendu qu'elle venait de sa part. L'avait-on payée pour mentir ? Ou mon ami m'avait-il trahie ?

Comme s'il avait lu en moi, mon geôlier a éclaté de rire.

— Ton amoureux n'y est pour rien. Un de mes serviteurs vous a vus ensemble à la *caupona* de Rufus. Il a surpris une partie de votre conversation... très intéressante conversation.

Il a fait un autre pas vers moi.

— Vois-tu, jeune fille, la politique, l'exercice du pouvoir supposent de grandes qualités. Entre autres une infaillible mémoire des visages. On peut maquiller une peau, changer la couleur d'une chevelure... mais l'ossature, les yeux, les gestes ne se déguisent pas. Je t'avais entrevue le soir du banquet chez Quintus Poppaeus : une musicienne chétive, qui fuyait la maison où elle avait entendu des propos... qu'elle n'aurait pas dû entendre. J'ai lancé à tes trousses un de mes chiens de garde, un certain Brutus, qui ma foi porte bien son nom... en certaines circonstances. Mais il peut se montrer plus rusé qu'un renard et plus discret qu'un papillon de nuit. Dès ce jour, sans t'en douter, tu as été surveillée. En revanche, ta fuite l'a pris au dépourvu, et il a perdu ta trace... jusqu'à la nuit où ton ami Lucius t'a emmenée chez la blanchisseuse... Martia, c'est bien cela ? Tu vois, je sais tout.

Marcus Fronto souriait, satisfait de lui-même.

— Je l'ai fait bâtonner. C'est pour cela que je suis bien servi : j'ai la main généreuse, aussi bien pour les coups que pour les gratifications. Ensuite ? La Fortune m'a souri. C'est bien la preuve que les dieux approuvent mes desseins...

Son ombre, étirée sur le mur, se déplaçait par saccades.

– Quand je t'ai rencontrée dans le jardin de Julia Felix, je n'ai pas mis longtemps à te reconnaître. J'ai hésité, je l'avoue, à te faire tuer sur-le-champ ; un accident d'attelage, ou bien… Brutus te garde rancune, la correction qu'il a reçue le cuit encore. Si je lui demande de t'égorger, il m'obéira avec plaisir.

Avisant une pile de tuiles, il les a époussetées et s'est assis, me faisant face.

– J'aurais peut-être dû céder à ma première impulsion, car tu t'es rendue chez Albucius… et j'imagine que ce n'était pas pour lui livrer un panier de linge !

– Je ne sais pas de quoi vous parlez, ai-je balbutié.

– Comme tu mens mal ! Je pourrais te donner des leçons… Par chance, le gros porc ne t'a pas reçue. Il faut reconnaître quelques qualités à son secrétaire. Mais je ne pouvais courir le risque d'une seconde tentative, peut-être couronnée de succès. Une gamine ramassée dans la rue, pour quelques as, a fait office de messagère. Et nous voici, toi et moi, dans cet agréable séjour…

Il a désigné de la main les murs lépreux, comme pour me faire les honneurs d'un palais. Puis il a hoché la tête avec une commisération feinte.

– Que vais-je faire de toi ? Tu me sembles appartenir à cette catégorie de créatures stupides qui ne savent discerner où se trouve leur intérêt. Mais tu es jolie… très jolie, même.

Ses yeux me détaillaient sans vergogne. J'en avais la nausée.

— Je pourrais éprouver du plaisir à faire ton éducation... Qu'en dis-tu? Je suis riche et puissant; bientôt, je serai plus riche et plus puissant encore... Pompéi, la belle cité corrompue, se roulera à mes pieds! Un mot, jeune fille, et tu quitteras ce trou puant pour une jolie chambre donnant sur le jardin. Une esclave nubienne t'y attend: elle te baignera, te massera, t'habillera de précieuses étoffes... Aimes-tu les bijoux? Regarde!

Il a tiré, d'un pli de sa toge, une paire de boucles d'oreilles — des grappes de perles sur des fils d'or — et m'en a fait admirer, à la lumière de la torche, les doux reflets rosés.

Nous pourrions nous associer... toi et moi, Cadia. Ne désires-tu pas porter de beaux vêtements, goûter les mets les plus fins, te coiffer avec des épingles d'or? Tu pourrais disposer de ta propre chambre, être servie, toi esclave, par une fille moins favorisée, pour qui tes caprices seraient les décrets d'une divinité...

Comme dans un cauchemar, la voix de la vieille Idea sortait de la bouche de Marcus Fronto; l'entremetteuse et l'homme public, frère et sœur d'iniquité!

Salve lucrum! Pensaient-ils pouvoir tout acheter, avec cet or qui, fondu, causerait la plus atroce des brûlures?

J'avais la nausée. Sans réfléchir, sans même penser à gagner du temps – le temps nécessaire à sauver ma peau ! –, j'ai crié :

– Non ! Je ne veux pas ! Je ne veux pas…

Marcus s'est levé. Ses yeux étaient froids et vides.

– Alors, tu mourras.

24 août

J'ai tenté d'atteindre le soupirail, en vain. Les pierres du mur s'effritent et n'offrent pas de prise. J'ai crié ; personne n'a répondu. Le jour se lève. Mon dernier jour ?

Tournée vers le faible rayon de jour, je prie les dieux de mon enfance. Me retrouveront-ils dans cette geôle ? Étendront-ils sur moi une main protectrice ?

J'ai peur.

Vers la deuxième heure

Une servante est entrée, apportant une cruche d'eau et une écuelle de bouillie froide. Je l'ai reconnue aussitôt : Felicula ! On m'a donc enfermée dans la maison de Julia Felix…

– Aide-moi, l'ai-je suppliée à voix basse. Je t'en prie ! Cet homme, ce Marcus… Il veut me tuer !

– Il est trop tard pour gémir, a-t-elle répondu. Folle que tu es ! Si je te laisse partir, je ne sauverai pas ma peau. Marcus Fronto aime faire souffrir, je l'ai déjà vu à l'œuvre. Il me jettera dans le bassin des murènes, ou pis encore.

Elle tremblait. Pourtant, la chaleur était déjà étouffante. Je me suis jetée à genoux, agrippant sa tunique ; si elle partait, je ne reverrais plus un visage humain, hors celui de mon bourreau !

— Ne m'abandonne pas ! Tu as été esclave, comme moi ! N'as-tu aucune pitié ?

Felicula m'a repoussée, le regard dur.

— Pitié ? J'ai oublié le sens de ce mot. J'ai mis au monde une fille, vois-tu, il y a quinze ans. Peu importe le nom de son père ; je ne l'avais pas choisi. Me voyant enceinte, ma maîtresse me vendit. Très cher, puisque je portais dans mes flancs un futur esclave ! Mon nouveau maître escomptait un garçon ; à la naissance du bébé, il entra dans une fureur démente et l'étouffa sous mes yeux.

Elle s'est courbée, les mains crispées sur son ventre, comme sous l'effet d'une douleur fulgurante.

— Ma petite... ma petite... Elle n'avait même pas crié encore...

Des larmes roulaient sur ses joues ridées.

— Quinze ans, a-t-elle répété d'une voix brisée. Quinze ans...

— Elle aurait mon âge, ai-je chuchoté. Si je meurs aujourd'hui, elle mourra une seconde fois, avec moi. Et tu l'auras tuée !

— Pourquoi dis-tu cela ? Pourquoi ? Tais-toi, maudite ! a-t-elle gémi.

– Parce que c'est la vérité, ai-je poursuivi, fébrile, car je la sentais prête à céder. Sauve-moi, Felicula, et l'esprit de ta fille te sourira ! Je la vois déjà te tendre les bras quand la barque de Charon te conduira sur la rive de l'éternel séjour…

Je parlais, je parlais, noyant sa peur sous mes mots, sous les images lumineuses d'un bonheur qu'elle n'avait jamais connu.

Avais-je le choix ?

La servante est restée silencieuse un long moment, si long que tout espoir m'a abandonnée. Puis elle s'est redressée et a marché vers la porte.

– L'un des jardiniers me doit un service : je l'ai sauvé du fouet. Il viendra tout à l'heure desceller les barreaux du soupirail et laissera un outil en évidence. Ainsi, je ne pourrai être accusée… Mais, si tu tentes de te sauver en plein jour, tu risques d'être arrêtée, car tu dois, pour gagner la rue, traverser le jardin. À tes risques et périls. Maintenant, attends et tais-toi. Et prie tes dieux pour que Marcus soit trop occupé, ce matin, pour penser aux supplices qu'il aimerait t'infliger…

Felicula est partie depuis un long moment. Pourtant, l'eau de ma cruche se trouble – des rides circulaires naissent en son milieu et se propagent vers la paroi de terre cuite, comme si un pas lourd ébranlait la maison tout entière.

Un peu après l'heure méridienne

J'ai entendu un coup de tonnerre, un seul; fort, proche, menaçant. Le soleil filtre à travers la végétation qui dissimule le soupirail… Un orage lointain ? Les hauts murs du jardin auraient étouffé son grondement…

Le jardinier n'est pas encore venu. J'ai essayé de manger un peu : mon estomac s'est révulsé.

Plus tard

Un grattement, là-haut ! Je me suis précipitée vers la muraille. Une main a écarté les herbes jaunies; des éclats de mortier ont rebondi sur le sol.

— Jeune fille ?

J'ai vu apparaître un visage criblé de taches de rousseur.

— Le barreau du milieu ne tient plus; il te suffira de tirer un bon coup, a chuchoté le jardinier. Je te jette une corde, mais n'oublie pas de l'emporter avec toi ! Attends de ne plus entendre de voix dans le jardin. Toute la maisonnée est dehors pour regarder la montagne.

— La montagne ? ai-je répété. Pourquoi ?

— Elle fume. Un grand panache qui ressemble à un de ces pins, tu sais, dont les branches s'écartent vers le haut… Bon, je file. Que les dieux te protègent ! Et n'oublie pas la corde !

Je ne sais pas combien de temps s'est écoulé depuis que le jardinier est parti, mais le jour baisse rapidement. Serait-il plus tard que je ne le pensais ?

Je vais tenter ma chance. Si je meurs, peut-être quelqu'un trouvera-t-il mes tablettes – un homme honnête, qui préviendra Albucius Celsus du danger qui le menace.

Et si Marcus Fronto lit ces lignes, alors qu'il soit maudit !

J'ignore si le jour dure encore, ou si une nuit éternelle s'est abattue sur le monde. Depuis que j'ai rangé ma dernière tablette, j'ai l'impression que plusieurs siècles se sont écoulés…

Une lampe brûle à côté de moi : brûlera-t-elle longtemps ?

– Briséis…

Une main touche mon épaule, me tend une coupe d'eau. Assoiffée, je bois à longs traits. Ma gorge est sèche comme une poterie trop cuite ; je suis gavée de poussière. Mes yeux, irrités, larmoient.

Je reprends mon récit. Écrire aide à tenir la peur à distance.

Quand j'ai rampé hors de ma prison – prenant bien soin, suivant les instructions du jardinier, de remonter la corde qui avait servi à mon évasion –, le jardin était envahi par l'obscurité : je distinguais à peine la colonnade sous laquelle les riches clients de Julia Felix ont coutume de se promener après le bain. Un énorme nuage noir cachait le soleil. Rasant les murs, m'immobilisant à chaque pas ou presque, le souffle court, la sueur au front, j'ai dépassé la porte des cuisines. Aucun fumet, qu'il fût de ragoût ou de pâtisserie, ne s'en échappait. Une voix aiguë psalmodiait une prière. Un marmiton est sorti en courant : il portait un lourd ballot. Un peu plus loin, il a trébuché sur une pierre et s'est étalé de tout son long ; son fardeau, en tombant, a émis un son métallique. Le garçon s'est relevé et, sans se soucier de ses genoux écorchés, a ramassé un plat d'argent qui avait roulé sur les dalles. Il m'a jeté un regard méfiant, puis, voyant que je ne bougeais pas, que je ne criais pas, il a repris sa course.

J'ai poursuivi mon chemin, d'un pas plus rapide. De ma cave, je n'avais entendu aucun des bruits familiers qui, dans une grande maison, trahissent l'activité humaine : éclats de voix, chants des servantes, tintement des outils. Même le ruissellement de la fontaine semblait atténué.

Dans la ruelle qui longeait les jardins régnait le même silence. Que se passait-il ? Pourquoi la maison avait-elle été laissée sans surveillance, au point qu'un esclave ait osé s'enfuir avec la vaisselle précieuse de son maître ? Les citoyens de Pompéi, effrayés par la noirceur du nuage qui recouvrait la ville, s'étaient-ils précipités en masse dans les temples pour implorer leurs dieux ?

Au premier croisement, je me suis arrêtée. J'étais sauvée – pour le moment – mais je ne savais où diriger mes pas. Retourner chez Martia? Impossible. Marcus Fronto saurait m'y trouver. La maison de Lucius m'était interdite pour la même raison. Machinalement, j'ai longé la rue en direction du temple d'Isis. De la porte de Nocera me parvenait un brouhaha confus. J'ai bifurqué sur la droite. Seule, je me sentais vulnérable, exposée. Si je pouvais me mêler aux passants… Mais alors que je tournais au coin de la grande palestre, un véritable mur vivant m'a arrêtée. Hommes, femmes, enfants accrochés en grappe au châle ou aux bras de leur mère fonçaient vers l'enceinte; charrettes et tombereaux se heurtaient en essayant de se frayer un passage. Je voyais des adolescents, courbés sous le poids de corbeilles ou de paquets trop lourds pour eux, rejeter soudain leur fardeau et jouer des coudes pour arriver plus vite à la porte; d'autres ramassaient qui une cruche, qui un manteau, avant de disparaître. Des fillettes, malmenées par la masse des corps pressés, pleuraient; des vieillards se cramponnaient au bras d'un serviteur, ou, essoufflés, se laissaient tomber sur une borne pour y reprendre haleine. Le ciel, d'un noir d'encre, pesait sur cette scène de désolation et d'effroi.

Soudain, quelque chose m'a heurté l'épaule. Puis la tête. Un choc léger, crépitant, comme si quelqu'un m'avait lancé, par jeu, des coques de noix ou des fragments d'écorce. Surprise, j'ai baissé les yeux : autour de moi rebondissaient de petites pierres blanchâtres, à la forme irrégulière. Je me suis baissée pour en ramasser une : elle ne pesait guère plus qu'une de ces éponges que je récoltais naguère avec ma mère et ma sœur, près du rivage.

C'est alors que se sont élevés les premiers cris. Cris de terreur, cris de colère ; cris de ceux qui tombaient, piétinés ; cris des nourrissons, des chevaux affolés, des femmes.

« Les dieux nous ont abandonnés ! »

J'ai rebroussé chemin. Cette foule me faisait peur, bien plus que les petites pierres qui tombaient dru, une averse sèche, piquante. Mais la rue qui relie le forum à la porte du Sarno était, elle aussi, encombrée. Les habitants fuyaient la colère des dieux, emportant ce qu'ils pouvaient, provisions et vêtements, humbles ustensiles ménagers ou bijoux précieux. Un patricien serrait dans ses bras une statuette de femme en albâtre. Il a trébuché, la statue est tombée, se brisant net au niveau du cou : la tête a roulé dans la rigole d'écoulement des pluies et est restée là, fixant le ciel de ses yeux inexpressifs. Un peu plus loin, un casque de centurion gisait dans la poussière, son plumet rouge terni. Des plats et des vases brisés, une sandale, un collier dont le fil avait cassé... On piétinait, on s'injuriait ; les plus grands tendaient le cou pour voir si la voie, vers la porte de ville, se dégageait.

Où aller ? Paralysée, je regardais le fleuve humain s'écouler avec lenteur : je n'avais qu'un pas à faire pour me fondre dans ses eaux, me laisser emporter, vers le salut ou la mort. D'où venait cette ténèbre qui noyait le pays ? La foudre n'allait-elle pas s'abattre sur ceux qui se hasarderaient hors de l'abri des rues ? La mer, elle aussi, allait-elle entrer en fureur et nous balayer comme des fourmis ?

J'aurais voulu parler à quelqu'un. Mais qui, dans cette ville prise de folie, m'écouterait ? Lucius ? Il avait dû fuir, lui aussi, avec son père et les serviteurs. Martia ? Elle habitait trop loin ; et la foule, de plus en plus dense, érigeait en plein cœur de Pompéi la plus infranchissable des barrières.

Chédi ! Les bains où je m'étais rendue plusieurs fois ne se trouvaient qu'à quelques rues de là. J'ai relevé ma *stola* et couru, mon sac me battant le dos. Chédi saurait me conseiller. Peut-être trouverait-elle un moyen de nous faire sortir de la ville...

Mais, quand j'ai frappé à sa porte, personne n'a répondu. J'ai insisté, me meurtrissant les mains contre le bois dur ; j'ai crié à m'enrouer ; j'ai poussé le battant, de toutes mes forces : il n'a pas bougé.

– L'est partie, m'a lancé un gamin qui passait, sa tunique gonflée du produit de ses chapardages formant une grosse poche sur son ventre. L'a filé, avec un homme. J'le connais pas. Tu peux toujours t'égosiller, personne viendra.

Il a jeté un coup d'œil à mon sac, les yeux plissés de convoitise.

– T'as quoi, là-dedans ?

– Des tablettes, ai-je répondu. Des tablettes pour écrire.

Le garçon a éclaté d'un rire aigu.

– Pour écrire ? Drôle d'idée ! Tu ferais mieux d'entrer là – il désignait la porte ouverte d'une échoppe – et de te remplir le ventre. Le potier et sa femme sont partis dès que les petits cailloux ont commencé à tomber des nuages. Leur repas est encore sur la table ! Conseil d'ami ! Et accroche-toi bien à ton sac, d'autres que moi pourraient vouloir y regarder de plus près !

Sous le déluge de pierres qui rebondissaient sur les toits, je me suis approchée de la maison du potier et j'ai risqué un coup d'œil à l'intérieur. Je ne voulais pas entrer ; si on me découvrait là, je passerais pour une voleuse, mais l'avant-toit m'offrirait un abri temporaire.

Le garçon avait dit vrai : sur un coin d'établi, une cruche et un pain voisinaient avec un pot de soupe, d'où un peu de vapeur s'échappait encore. De la soupe de légumes, à l'odeur. Deux gobelets, deux écuelles. Dans l'une d'elles, un fromage de chèvre rond et dur, à peine entamé. Le couteau

94

qui avait servi à le couper reposait sur le rebord du plat.

J'ai senti mon estomac se tordre. Depuis combien d'heures n'avais-je rien avalé ? Le nuage qui pesait sur la ville était si lourd, si noir, que mesurer la fuite du temps était devenu impossible. Ailleurs, le soleil continuait-il sa course dans le ciel ?

J'ai arraché un quignon de pain à la miche et mordu dedans avec délice. Du fromage, je n'ai fait que quelques bouchées, puis j'ai bu l'eau de la cruche. Elle avait un goût acide de poussière.

Rassasiée, je me suis assise sur le seuil et j'ai regardé les pierres qui tombaient toujours et s'amoncelaient à la base des murs. Si je retournais dans la rue, ai-je calculé, j'en aurais jusqu'aux chevilles. J'ai lutté un moment contre la torpeur qui m'envahissait, mais je ne parvenais plus à tenir la tête droite. J'ai posé mon front sur mes avant-bras croisés ; le crépitement des pierres a décru, s'est fait lointain, presque doux...

J'ai dû m'assoupir quelques instants ; la peur m'avait épuisée. À mon réveil, je n'ai pas reconnu l'endroit où je me trouvais et j'ai bondi sur mes pieds, tremblant comme une bête traquée. Puis la mémoire des dernières heures m'est revenue.

Les pierres légères comme des gâteaux secs.

La nuit en plein jour.

La cave. Marcus Fronto.

Dans la rue, une silhouette progressait le long des murs. L'homme avait noué un linge autour de son visage pour éviter de respirer la poussière.

Où allait-il ? Rentrait-il chez lui ? Cherchait-il, lui aussi, à fuir ?

Martia, Lucius… avaient-ils pu quitter la ville ? Ou se terraient-ils dans leurs maisons barricadées ?

Où aller ? La question revenait, obsédante. Où aller ?

Une image, soudain, a surgi : un garçon blond, un peu lourdaud, tournait vers moi ses yeux clairs.

Tarvos ! N'oublie pas… à la caserne des gladiateurs ! Si tu as besoin de moi, je serai là !

Paroles en l'air ? Ou promesse ?

Si tu as besoin de moi, je serai là.

Trébuchant parmi les pierres qui roulaient sous mes pieds, je me suis remise en chemin.

Beaucoup plus tard

— Briséis…

Tarvos se penche vers moi. Son visage marqué par la fatigue est soucieux.

— Il faut partir. La ville n'est pas sûre… Les gens se battent aux portes pour passer, m'a-t-on dit ; beaucoup meurent piétinés. Mais Crixus connaît un passage par les égouts : il nous conduira.

Le nommé Crixus, un Thrace bâti en force, se tient derrière lui. La sueur ruisselle sur son torse.

— Hâtez-vous, dit-il. Je n'aime pas ce qui se passe ici. Les dieux nous lancent des pierres ; peut-être vont-ils se lasser de ce jeu, et précipiter des serpents ou des scorpions sur nos têtes !

Je supplie :

— Encore un petit moment… Je n'en peux plus ! Je ne pourrais pas vous suivre…

Nous sommes dans une petite pièce meublée d'une paillasse et d'un coffre : la chambre de Tarvos à la caserne des gladiateurs. Je ne sais pas comment j'ai pu arriver jusque-là. Les rues se ressemblaient toutes, désertes et sombres, avec leurs volets rabattus protégeant l'intérieur des maisons de la poussière stagnante, leurs portes fermées, et la marée de ponces qui montait, montait… À la caserne, au contraire, j'ai trouvé toutes les portes ouvertes. Un portier à la face couturée de cicatrices m'a indiqué la cellule de Tarvos, non sans lâcher, avec un rire égrillard, ce commentaire :

— Tu ne seras pas la seule, ma belle, à célébrer la fin du monde !

J'ai vite compris ce qu'il entendait par là : une riche patricienne traversait la cour. Son châle dissimulait ses cheveux, mais pas les bijoux de prix qu'elle portait. Je l'ai suivie. Elle a frappé à une porte qui s'est ouverte aussitôt. Un homme l'a attirée vers lui, l'enlaçant d'un bras tandis qu'il repoussait le battant. J'ai entendu un rire, suivi d'un murmure amoureux, et j'ai pressé le pas. Cette femme devait croire sa mort décidée par les dieux pour venir ainsi s'offrir à son amant en plein jour, sans crainte d'être reconnue ! J'ai continué mon chemin à l'aveuglette : les torches fixées au mur étaient éteintes. La quatrième porte, avait dit le vieil homme. Soudain, je me suis immobilisée, glacée : Tarvos n'allait-il pas croire, comme le portier, que je venais me jeter à sa tête, à la faveur de la confusion régnant dans la ville ? À cette pensée, j'ai senti le rouge de la honte envahir mon visage, et j'allais faire demi-tour quand une voix a résonné dans le couloir.

— Que cherches-tu, jeune fille ?

Tarvos ! Je ne distinguais pas ses traits, mais son épaisse chevelure blonde était reconnaissable. Lui, en revanche, ne m'avait pas reconnue. Il s'est approché d'un pas assuré et m'a souri.

— Je peux peut-être t'aider, et…

Son sourire s'est effacé.

— Tu es… la musicienne. Briséis… Briséis ! Je te reconnais, même si… Cherches-tu quelqu'un ici ?

— C'est toi que je venais voir, ai-je chuchoté en détournant les yeux.

Il a parlé, mais les mots, soudain, n'avaient plus aucune signification pour moi. Je voyais ses lèvres remuer ; je hochais la tête, mécaniquement. Il a tendu une main vers mon visage, et j'ai compris alors que je pleurais.

J'ai appuyé ma joue contre le mur frais, senti une odeur de salpêtre… Deux mains se sont posées sur mes épaules : mes jambes ont plié sous moi, et j'ai sombré dans l'inconscience.

Quand j'ai émergé de mon évanouissement, j'étais allongée sur une couchette ; un coussin soutenait ma nuque.

— Tu m'as fait peur, a murmuré Tarvos.

— Désolée. Je croyais les gladiateurs inaccessibles à la peur, ai-je tenté de plaisanter.

— Ne crois pas cela. J'ai vu des hommes effrayants, des montagnes de muscles, appeler leur mère avant un combat, ou vomir leur dernier repas en pleurant... La peur est la plus fidèle compagne de ceux qui s'affrontent dans l'arène. Non, n'essaie pas de te lever, Briséis ; repose-toi encore un moment.

J'ai fermé les yeux un court instant. Le matelas était dur, la couverture rêche. L'air lourd, où stagnait, comme partout en ville, la poussière, charriait encore l'odeur du liniment dont Tarvos et ses compagnons devaient frotter leurs épaules et leurs jambes pour chasser la fatigue et dissiper les courbatures. Il s'est levé : j'ai entendu des chuchotements dans le couloir. Mes membres semblaient de plomb, j'avais la sensation de m'enfoncer dans la paillasse, mais j'ai lutté pour ne pas m'endormir. Je voulais prévenir Tarvos du danger qu'il courait en m'abritant ; pour cela, il me fallait rester vigilante et non céder au soulagement d'une fausse sécurité.

— Briséis ?

Il revenait vers moi.

— Es-tu venue… à cause de ce qui s'est passé l'autre jour ? Ton maître t'a-t-il battue ?

Ma tunique déchirée, mes écorchures, mes paroles de colère… comme tout cela semblait loin !

— Non, ai-je répondu. J'aurais préféré ! Si tu savais…

Il a pris une de mes mains entre les siennes, grandes et chaudes.

— Je ne demande qu'à savoir, a-t-il dit doucement.

J'ai tout raconté à Tarvos : le complot surpris à la fin du banquet chez Quintus Poppaeus, ma fuite, Lucius, Martia, Chédi, mes inutiles démarches, enfin le piège dans lequel j'étais tombée… Il m'a écoutée sans m'interrompre, puis a soupiré :

— Tu as fait ce que tu as pu, Briséis, pour sauver cet homme. Je t'admire… Je ne sais pas si j'en aurais été capable. Je sais me battre, c'est tout. Tu es plus courageuse que moi…

Il s'est courbé et a déposé sur le bout de mes doigts un baiser léger, léger comme le frôlement d'une aile de libellule.

— Repose-toi un peu. Tu as soif ? Je vais te chercher de l'eau.

Tarvos, en dépit de sa stature, se déplaçait silencieusement, avec légèreté – ombre parmi les ombres. Pour la première fois depuis de longs jours, je me sentais en sécurité…

Crixus nous presse de partir.

– Les autres ne veulent pas venir, tant pis pour eux ! Ils vont mourir étouffés, comme des rats dans leurs trous.

Il tousse, se détourne pour cracher un filet de salive brunâtre. Son visage creusé ressemble à un masque de théâtre – il inspire la peur, non le rire.

Un craquement sinistre. Cela vient du toit. Crixus lève un doigt, le pointe vers le plafond où le plâtre s'écaille.

– Ces maudites pierres… il y en a trop, maintenant ! La charpente est vieille, elle ne tiendra plus très longtemps… Décidez-vous…

– Briséis, chuchote Tarvos, je crois qu'il a raison. Te sens-tu assez forte pour marcher ?

Marcher ! Il le faudra bien… mais vers quoi ?

30 août

Mes yeux sont secs. Je voudrais pleurer mais il me semble que la source de mes larmes est tarie à jamais.

Comme les fontaines de Pompéi.

Tracer des lettres sur ces tablettes, dont la cire est maintenant incrustée de cendres, me procure un peu de soulagement.

Je veux raconter. Raconter ce que j'ai vu.

Et pourtant…

Je souhaite oublier. Oublier ce que j'ai vu.

M'en délivrer.

Quand nous sommes sortis du bâtiment, un craquement plus fort nous a avertis que le toit commençait à céder.

— Filons, a dit Crixus. Laissons ces fous s'ensevelir
vivants, si ça leur plaît ! Moi, je veux vivre !

La fumée de sa torche me piquait les yeux ; j'ai
détourné la tête en toussant. Les abords de la caserne
des gladiateurs étaient méconnaissables : on eût
dit qu'un voile gris s'était posé sur les maisons, les
boutiques, les temples. Les pierres s'amoncelaient
devant les portes, bloquant les issues ; un homme
avait réussi à sortir de chez lui par une fenêtre et
aidait sa femme à enjamber le rebord. Elle pleurait
et se débattait.

— Je ne veux pas m'en aller, a-t-elle gémi. Dès
que nous aurons le dos tourné, les voisins pilleront la
maison. Que deviendront nos meubles ? Et mes belles
piles de draps, et le contenu du garde-manger, et…

— Tais-toi ! a rétorqué son mari, à bout de nerfs.
C'est ta vie qu'il faut sauver, idiote ! Une fois morte,
à quoi te serviront tes piles de draps ? Allons, viens !

Il s'est tourné vers nous.

— Nous allons à Herculanum. D'autres habitants
du quartier sont déjà partis. Là-bas, nous trouverons
bien un bateau qui nous fera traverser la baie.

Tarvos a interrogé Crixus du regard.

— C'est peut-être une bonne idée, a-t-il dit.

— Trop tard, a chuchoté Crixus en réponse. Tous

102

les bateaux ont déjà pris le large, à mon avis. Ces gens vont se retrouver bloqués sur la plage. Je préfère les égouts, nous sortirons plus vite de la ville.

L'homme et sa femme s'éloignaient, appuyés l'un contre l'autre.

– Hé, vous ! a appelé Tarvos. Revenez ! Nous pouvons vous aider !

Ils ne se sont pas retournés. Avaient-ils entendu ? Je les ai vus disparaître, s'effacer dans la poussière flottante, comme des fantômes.

31 août

Je n'ai pas dormi de la nuit. J'aimerais m'étendre à l'ombre, fermer les yeux, mais je sais quelles images surgiront derrière mes paupières closes.

Mon récit est inachevé. Peut-être, quand il sera fini, trouverai-je le repos !

L'entrée des égouts signalée par Crixus se trouvait non loin du forum. Reconnaissant les rues familières, parcourues jour après jour alors que je me trouvais encore sous le joug de la despotique Idea, je ne pouvais m'empêcher de jeter des regards inquiets autour de moi. Mais les portes du lupanar béaient, dégondées : le désordre qui régnait dans la salle attestait un départ précipité.

– Tu vois, m'a dit Tarvos, tu n'as plus rien à craindre. Ton ancien maître doit être loin.

La nuit était tombée – ou bien le jour s'était encore

assombri. Je n'avais aucune idée de l'heure. J'avais vécu en ces lieux, quelques semaines auparavant, et j'avais l'impression que des années s'étaient écoulées depuis que j'avais vu briller la dernière aurore.

– Par ici! a lancé Crixus.

Nous avons tourné le coin d'une rue, puis d'une autre, avant de déboucher sur le forum, vers le temple de Jupiter. Quelle désolation! La longue colonnade délimitant trois des côtés de la place était vide, ainsi que la tribune destinée aux orateurs. Des silhouettes indistinctes se traînaient le long des galeries.

– Vite, répétait Crixus.

Nous avons dévalé le grand escalier encombré de pierres grises et irrégulières, dépassé le sanctuaire des lares publics, le temple de Vespasien, les entrepôts fermés. Un peu avant la basilique, Crixus nous a poussés sur la droite, dans une rue que nous avons parcourue, tant bien que mal, au pas de course.

– C'est là, a-t-il dit.

Sous une voûte basse, une double rigole menait à deux ouvertures en arc de cercle. Là comme ailleurs, il a fallu déblayer.

– L'ouverture de gauche, a indiqué Crixus. Je passe devant. Il faudra ramper pour entrer. Plus loin, le tunnel s'agrandit et permet de marcher, à condition de se baisser.

Courbant le dos, il s'est engagé sous la voûte, d'où montait une forte odeur de vase et de putréfaction.

– Attendez! a crié Tarvos à cet instant. Regardez!

104

Posant ses mains sur mes épaules, il m'a fait pivoter.

Et j'ai vu.

Dans l'obscurité, la montagne venait de s'embraser : la colonne de fumée s'était effondrée à la base, et le sommet du Vésuve rougeoyait comme un brandon.

– Les dieux nous voient, a balbutié Crixus, qui avait fait demi-tour à l'appel de son ami. Les dieux nous voient ! Ce sont leurs yeux flamboyants, c'est leur fureur ! Fuyons !

Je ne pouvais pas bouger ; mes pieds étaient cloués au sol. Tarvos a pris ma main.

– Viens, Briséis…

Mais mon regard restait rivé sur le Vésuve. Sa couronne, d'un rouge sombre, glissait sur le côté. Une langue brûlante s'est avancée sur la pente, lentement, puis la masse tout entière a basculé, créant un fleuve de feu qui a dévalé le flanc de la montagne.

De plus en plus vite.

Droit vers le rivage !

– Viens !

Tarvos, défiguré par la peur, me secouait. Je l'ai fixé, hébétée ; je ne pouvais pas croire à ce que mes yeux avaient vu.

Un cauchemar. Je rêvais. Sûrement. Il n'y avait pas d'autre explication.

– Viens ! a-t-il répété.

Je l'ai suivi, trébuchant à chaque pas. Mais, au

moment où nous allions passer sous la voûte, une voix familière a retenti derrière nous.

– Mais quelle plaisante rencontre ! Par Jupiter, je suis chanceux, aujourd'hui !

Marcus Fronto !

J'ai fait volte-face. Non, ce n'était pas un cauchemar : l'homme qui avait voulu me corrompre, puis me tuer, s'avançait vers moi. Sa toge était déchirée, ses mains et son visage couverts d'égratignures, mais il souriait – un affreux sourire, un sourire de dément. Une sorte de brute le suivait, un homme velu comme un ours, le front bas, qui balançait ses poings serrés au bout de ses bras, comme un poids de fonte au bout d'une chaîne.

– Brutus brûlait de te rencontrer, jeune fille. Il est fâché d'avoir été privé du... divertissement que je lui avais promis. Mais rien n'est perdu...

Il a enveloppé Tarvos et Crixus d'un regard appréciateur.

– Tu as recruté, je le vois, d'impressionnants gardes du corps. Tant mieux ! Le jeu n'en sera que plus intéressant.

Un rire aigu.

– Tu ne me demandes pas d'où je viens ? Voyons, fais un effort ! Tu n'auras pas à chercher bien loin la réponse : de la maison de ce cher Albucius Celsus, bien sûr. Le pauvre homme n'a pas eu de chance : le toit de son *tablinum* s'est effondré sous le poids de ces curieuses petites pierres. Il s'y trouvait justement, à genoux devant son coffre dont il espérait emporter le contenu ! À l'heure qu'il est, son âme vogue vers les rivages de l'au-delà... et je n'ai même pas eu besoin de le tuer ! Julia Felix est morte, elle aussi : elle a voulu fuir avec ses bijoux, mais son cœur a lâché alors qu'elle traversait le jardin. Nul ne s'est attardé auprès d'elle pour lui rendre les honneurs funèbres... Ah, c'est en des circonstances comme celles-ci que se révèle le mieux la nature de l'homme ! L'égoïsme, la cupidité, l'ambition ! Comme *j'aime* l'humanité...

Une quinte de toux l'a secoué ; au coin de ses lèvres moussait une écume terreuse.

– Cette affreuse poussière... Heureusement, un bain m'attend dans la villa de mon ami Calpurnius, de l'autre côté de la baie. Un bain, des parfums, un repas raffiné, et de charmantes jeunes esclaves. Mon bateau est amarré à Herculanum : la traversée sera rapide. J'attendrai là-bas que le calme soit revenu dans Pompéi, puis j'y reparaîtrai en sauveur... Pour remplacer les morts !

Il a pivoté sur lui-même, les bras ouverts, comme s'il voulait déjà prendre possession de la ville.

– Il y aura beaucoup à faire... Que vois-tu, mon enfant ? Des rues désolées, des toits crevés, des jardins détruits ? Moi, je vois une corne d'abondance qui déversera sur moi – et sur mes amis ! – un flot d'or ininterrompu. Mais, pour cela, il me faut faire place nette des éventuels témoins – je suis sûr que

107

tu le comprendras. Adieu, ma belle... Je penserai à toi... quelquefois.

Se tournant vers son serviteur, il a conclu :

— Ils sont à toi, Brutus. Tue-les !

Tarvos m'a poussée vers Crixus.

— Emmène-la, a-t-il soufflé.

— Non ! ai-je protesté. Il n'a rien contre vous... C'est moi qui...

— Ne discute pas, a tranché le jeune gladiateur.

— Comme c'est attendrissant, a ironisé Marcus Fronto. Le jeune et vaillant champion se sacrifie pour la belle jeune fille qu'il a juré de protéger... Ta bien-aimée n'ira nulle part, mon bel ami. Avec ou sans toi... En revanche, je peux vous promettre qu'au rivage du dernier séjour, vous aborderez ensemble. N'est-ce pas une consolation ?

Comme il prononçait ces paroles, un cri a jailli sur ma droite : Crixus, ramassant une pierre, s'est jeté sur Brutus, visant la tête. Il comptait sans doute sur son agilité pour surprendre son adversaire et l'assommer du premier coup ; mais l'esclave, s'écartant d'un pas, a abattu le tranchant de sa main sur la nuque du jeune homme. Un craquement mat, atroce : Crixus gisait sur le pavé, mou comme une poupée de chiffon.

— Trop vite, Brutus, mon ami, a commenté Marcus d'un ton blasé. Nous ne sommes pas en train de tuer des lapins pour le souper !

Tarvos s'était placé devant moi, genoux fléchis. Il

108

attendait l'assaut. Mais Brutus, obéissant aux souhaits de son maître, avait décidé de jouer avec sa proie : un sourire aux lèvres, il décrivait des demi-cercles, multipliant les feintes, chargeant le jeune gladiateur pour reculer au premier geste de défense.

J'entendais son souffle, rauque, haché.

J'étais terrifiée. Tarvos avait suivi l'entraînement des gladiateurs : il était fort, souple, affûté comme une arme. Mais tuer ne lui apporterait aucun plaisir. Son adversaire, lui, se délectait à l'avance des souffrances qu'il allait nous infliger.

Et cela lui donnait un avantage certain.

Soudain, Brutus a bondi. Déployant ses longs bras, il a empoigné Tarvos, l'enserrant dans une étreinte mortelle. Les veines de ses tempes se gonflaient, devenaient bleues ; ses muscles saillaient comme des cordes. Tarvos, à ma grande horreur, n'a pas cherché à se débattre. Rejetant la tête en arrière, il a poussé un râle.

– Ce garçon n'a rien dans les poumons, a raillé Marcus Fronto. Quel piètre combattant il aurait fait dans l'arène ! Une fois de plus, Pompéi aura lieu de me remercier…

J'aurais voulu fermer les yeux, ne plus rien voir. Mais c'était impossible : mon corps semblait changé en pierre.

Tarvos se laissait aller, jambes ballantes : dans un instant, tout serait fini. J'allais mourir, moi aussi. Je ne ressentais plus aucune peur, seulement une immense lassitude. Ne plus entendre, ne plus sentir, ne plus espérer… ce serait peut-être un soulagement.

Les ténèbres.

L'oubli.

Un cri m'a tirée de ma léthargie : Tarvos, projetant sa tête en avant avec violence, venait de percuter le nez de Brutus. Un flot de sang s'est échappé des narines de l'esclave, qui a desserré son étreinte. D'un coup de genou, le jeune gladiateur a repoussé son adversaire, puis, sans lui laisser le temps de réagir, a enfoncé ses pouces dans ses orbites. Aveuglé, l'homme a hurlé et reculé d'un pas ; l'un des bras de Tarvos s'est alors enroulé autour de son cou. J'ai perçu, plus que je n'ai vu, la puissance de cet étau de chair, dans lequel Brutus suffoquait.

Tout a été fini très vite.

Tarvos a enjambé le corps sans vie et s'est tourné vers Marcus Fronto.

— Je n'aime pas jouer avec la vie des autres, moi, a-t-il grondé. Mais pour toi, misérable, je ferai peut-être une exception…

— Non… non, a balbutié ce dernier, les mains étendues devant lui.

Tournant les talons, il s'est enfui à toutes jambes.

— Laisse-le ! ai-je lancé à Tarvos qui s'apprêtait à le poursuivre. Partons d'ici…

Le jeune homme haletait.

– Il cherchera à nous retrouver, a-t-il dit. C'est un serpent, il faut l'écraser !

J'ai suivi du regard la silhouette qui zigzaguait entre les monceaux de pierres.

– Inutile, ai-je murmuré. Il court vers son châtiment… Ne me demande pas comment je le sais. Je le sens, c'est tout. Viens.

Cette fois, c'est moi qui l'ai entraîné, par la main, vers la bouche d'ombre.

1er septembre

Je sens battre mon cœur.

Le ciel a retrouvé sa limpidité. Un nuage rond, d'un blanc éclatant, flotte au-dessus du Vésuve. Il s'en ira, poussé par le vent.

Autour de moi, la vie a repris son rythme normal – ou presque. Par la fenêtre ouverte de la chambre me parviennent des voix d'enfants. Un maître d'école enseigne dans la cour voisine, sous un portique ; les élèves s'installent sur des bancs que l'on repousse, le soir venu, contre les murs. Ils ânonnent l'alphabet et répètent à n'en plus finir les mêmes passages du poète Homère. Les coups de férule pleuvent sur les paresseux, les dissipés ; il n'est pas rare qu'aux cris de douleur se mêlent les rires et les quolibets des passants.

Je déteste ces cris.

Je voudrais arracher à cet homme – un esclave

grec comme moi, pourtant – sa badine, la jeter par terre et la piétiner.

Comment peut-on prendre plaisir à entendre les plaintes que la douleur arrache aux enfants, alors que tant sont morts, étouffés par les cendres, brûlés par le fleuve de feu descendu de la montagne ?

Je sens battre mon cœur.

Obstiné, il marque le temps.

Vivante… Je pèse ce mot, je le retourne comme un galet poli par les marées.

Vivante.

2 septembre

De notre fuite par les égouts, je ne garde presque aucun souvenir. La flamme de la torche s'est éteinte presque tout de suite ; une odeur de soufre flottait dans le souterrain, si forte qu'elle couvrait presque celle des excréments. Nous marchions sur un étroit rebord de pierre ; je m'agrippais à la main de Tarvos.

Il m'a avoué, depuis, qu'il ignorait quel chemin suivre, quels couloirs emprunter. Crixus ne lui avait fourni que peu d'indications. Il s'est fié à son instinct et, s'il a hésité, je ne l'ai pas perçu. Recrue de fatigue et d'angoisse, je l'aurais suivi au bout du monde…

Après des heures de marche difficile, dans la boue grasse et puante, entre des murs suintants qui, dans

112

les ténèbres, semblaient ceux d'une immense nécropole, nous avons débouché en rase campagne. Je n'aurais pu faire un pas de plus ; je me suis laissée tomber sur l'herbe mouillée et je me suis endormie.

À mon réveil, j'ai constaté que Tarvos s'était couché contre moi, me protégeant de tout son corps : l'un de ses bras pesait sur ma taille. Je me suis blottie contre lui, espérant puiser dans sa chaleur la force de repousser les images atroces qui m'assaillaient : Crixus s'effondrant comme un pantin disloqué, le visage de Marcus Fronto, déformé par la folie et la haine…

Au bout d'un moment, l'étau qui me serrait la gorge s'est un peu desserré, et j'ai regardé autour de moi. Des outils abandonnés sur le sol prouvaient que des ouvriers avaient travaillé là avant de s'enfuir sous la pluie de pierres. Ils s'apprêtaient sans doute à descendre sous terre pour effectuer une réparation, après avoir soulevé la dalle qui bouchait l'orifice. Grâce à eux, nous avions trouvé une issue.

Tarvos dormait toujours : son visage maculé n'avait rien d'attirant, mais en cet instant, pour moi, c'était le plus beau visage du monde. Et puis, ai-je pensé en touchant mes cheveux raides de crasse, je ne devais pas offrir un spectacle beaucoup plus ragoûtant. Mes avant-bras étaient couverts de sang et de boue et ma tunique, en lambeaux.

3 septembre

Plus tard, nous avons longé le pré jusqu'au talus qui le bordait. Une petite route passait en contrebas. De nombreux débris jonchaient le sol poussiéreux ; les fuyards avaient abandonné toute charge inutile. Nous sommes partis en direction de Néapolis. Il faisait jour, un jour blême, peureux, sinistre. Nous n'avons croisé personne.

— Où sont-ils passés ? ai-je demandé à Tarvos.

— Qui ?

— Les habitants de Pompéi… Tout est fini, ils pourraient revenir. La montagne… Oh !

En parlant, je m'étais tournée vers le Vésuve, dont les contours voilés de brume se dessinaient à l'horizon.

— Elle… a changé…

Le sommet de la montagne s'était affaissé et formait un creux, comme si un dieu affamé en avait grignoté l'extrémité ; sur ses flancs noircis, des feux couvaient encore, dégageant une fumée âcre. Des champs fertiles, des fermes prospères qui se blottissaient au pied de la géante, il ne restait plus que des chaumes noircis et quelques pans de murs.

— Par Taranis…, a murmuré Tarvos, quelle désolation ! D'où ce fleuve de feu a-t-il pu venir ?

— De la folie des hommes, mon garçon, a répondu une voix dans mon dos.

Mon compagnon, méfiant, a aussitôt fait volte-face. Mais le vieillard qui se tenait devant nous,

appuyé sur un bâton noueux, n'avait rien de menaçant. Grand et maigre, il montrait sur sa personne
et ses vêtements, comme nous, les traces des heures
terribles que nous venions de vivre ; son visage bar-
bouillé, néanmoins, m'a paru étrangement familier.

Où avais-je déjà vu cet homme ? Son souvenir
était pour moi associé à celui d'une dispute, et à un
sentiment d'abandon, de détresse...

Le bateau ! Cet homme avait payé son passage sur
le bateau qui m'avait amenée à Pompéi. Je l'avais
côtoyé sur le pont ; par ses récriminations contre la
corruption et la mollesse des habitants de la ville,
il avait provoqué les railleries d'Afrikanus et de
ses amis.

– Je vous reconnais, ai-je dit. N'êtes-vous pas un
ancien soldat ?

Il a hoché la tête.

– J'ai servi ma patrie de longues années durant,
sans espérer la moindre faveur en retour. Si chacun
s'était comporté comme moi, la foudre divine ne se
serait pas abattue sur nos têtes !

Je n'ai pas cherché à le détourner de son idée ; elle
l'obsédait depuis trop longtemps. En outre, les évé-
nements ne venaient-ils pas de lui donner raison ? Je
ne crois pas, pour ma part, que les dieux se plaisent
à châtier l'innocent avec le coupable ; n'incarnent-
ils pas la justice suprême ? Ces choses, paraît-il, ne
sont pas du ressort des femmes : pourtant, je sens
dans mon cœur que j'ai raison.

— Comment vous êtes-vous sauvés ? a-t-il demandé abruptement.

— Par les égouts, a répondu Tarvos, qui nous ont menés à l'aqueduc.

L'homme nous a scrutés longuement.

— Les dieux l'ont voulu ainsi, sans doute. Parfois, de jeunes pousses prospèrent sur un tronc pourri. Suivez-moi.

Il a tourné les talons et s'est éloigné sans vérifier que nous lui emboîtions le pas.

— Il est fou, a chuchoté Tarvos à mon oreille.

— Mais inoffensif, je crois, ai-je répondu. Regarde, il prend le chemin de Néapolis… Nous ne risquons rien à l'accompagner jusque-là.

4 septembre

Sur les pas du vieux soldat, nous avons gagné les faubourgs de Néapolis. Une femme est sortie de sa maison pour nous offrir de l'eau.

— Vous venez de Pompéi, n'est-ce pas ? a-t-elle demandé. Nous avons vu arriver des colonnes de réfugiés, et dans quel état ! Dites… Que s'est-il passé, là-bas ?

Mais le vieillard a coupé court à sa curiosité :

— Assez de bavardages, femme ! Ce qui s'est passé, nous le saurons bien assez tôt.

Il nous a menés, à quelques stades de là, dans une chambre propre et spacieuse, et m'a montré le lit.

116

– Allonge-toi ici et dors, jeune fille. Je vais préparer une paillasse pour ton compagnon, puis j'irai chercher de quoi manger.

Comprenant qu'il me cédait sa couche, j'ai balbutié un remerciement, mais il s'est détourné en bougonnant, comme si je l'avais offensé. J'avais trop sommeil pour m'en formaliser, et je me suis endormie si vite que je ne l'ai même pas entendu sortir.

6 *septembre*

Publius Exomnius – c'est le nom de notre hôte – est un homme bon. Il nous a fourni des vêtements propres, de la nourriture, un abri. Il se montre parfois brusque, voire entêté, mais une fois qu'on est habitué à ses lubies, on devine quel genre d'homme il a dû être dans sa jeunesse : brave jusqu'à l'intrépidité, loyal, généreux et dévoué. Sa femme est morte jeune en mettant au monde un enfant qui n'a pas vécu ; il est resté fidèle à son souvenir.

Avec lui, nous avons visité Néapolis. J'ai admiré les temples de style grec qui se dressent face à la mer, les jardins, les rues animées, les belles villas. Beaucoup d'aristocrates romains se sont fait construire une résidence secondaire dans la baie : ils profitent de la douceur du climat et mènent une vie oisive. Publius les juge sévèrement, mais se montre, malgré lui, fier des beautés de sa cité natale.

Chacun ici ne parle que de la catastrophe qui a frappé Pompéi et d'autres villes de la côte. J'ai appris avec stupéfaction que nous étions restés sous terre un jour entier! Pendant ce temps, un fleuve de feu a dévalé les pentes du Vésuve, brûlant tout sur son passage. Beaucoup d'habitants de Pompéi s'étaient réfugiés à Herculanum, sur la plage, dans l'espoir d'emprunter un bateau et de traverser la baie; ils sont tous morts. Herculanum n'existe plus; la ville est ensevelie sous les débris. Pompéi également. On m'a dit que, dans la journée qui a suivi la pluie de pierres, le panache qui couronnait la montagne s'est effondré sur lui-même, et qu'une nouvelle coulée ardente s'est répandue sur la ville, qui a disparu sous les roches et les cendres. Pline, l'amiral, a voulu se porter au secours de la population : il a fait lancer toute la flotte sur la baie pour évacuer les survivants. Arrêté par la pluie de pierres, son vaisseau, la *Minerve*, a dérivé, accostant à Stabies. C'est là qu'il est mort, comme tant d'autres...

C'est la pluie qui a éteint la plupart des incendies : des trombes d'eau, qui ont formé des torrents et raviné le sol couvert de cendres. Parmi ceux qui, comme nous, ont réussi à s'enfuir, certains sont retournés sur le lieu de la catastrophe pour tenter de récupérer quelques-uns de leurs biens. En vain : la cendre a durci sous la pluie, enfermant Pompéi dans un sarcophage impénétrable.

8 septembre

Assise près de la fenêtre de Publius Exomnius, je pense à Lucius, à Martia, à Chédi, mais aussi à Afrikanus, aux filles du lupanar, à Idea, que j'ai détestée si fort... Tarvos a cherché à retrouver des survivants ; mais personne ne les connaît, personne ne les a vus.

Personne, non plus, n'a rencontré Marcus Fronto sur la route d'Herculanum, ou ne l'a vu débarquer à Néapolis. Mon instinct ne m'avait pas trompée : l'homme qui a failli devenir mon bourreau a connu lui-même une fin atroce.

Quintus Poppaeus, Albucius Celsus, Marcus Fronto : tous égaux dans la mort. Comme leurs ambitions et leurs querelles paraissent aujourd'hui dérisoires !

Je pleure mes amis, tous ceux qui m'ont soutenue, écoutée, cachée quand je n'étais qu'une pauvre esclave en fuite. J'espère de tout mon cœur que Chédi a pu franchir l'enceinte avant qu'il ne soit trop tard. L'homme qui l'accompagnait, qui était-il ? Son amant ? Où l'a-t-il emmenée ? Et Martia ? Et Lucius ? Sont-ils restés là-bas, dans cette tombe qui, il y a quelques jours, était encore une ville animée et bruyante ? J'aurais tant voulu, moi aussi, leur tendre la main !

Je sais que mes questions resteront sans réponse. Je ne saurai jamais quelle a été la fin de ceux que j'aimais ; je ne saurai jamais si Hélène, ma sœur, vit encore quelque part, si elle trime dans les champs ou si elle porte les enfants d'un négociant prospère. Pense-t-elle à moi, quelquefois? Se souvient-elle du voile bleu de notre mère, des poupées que nous façonnions avec de l'argile, du goût des baies que nous cueillions le long des chemins? A-t-elle gardé, comme un trésor, une part de notre enfance?

10 *septembre*

Tarvos vient de rentrer. Il m'a trouvée à ma place habituelle, en train de pleurer, et s'est agenouillé près de moi.

– Briséis...

Il a caressé mes cheveux, avec douceur, comme s'il craignait de m'effaroucher.

– Tu as de la peine, je sais.

– C'est... tellement injuste, ai-je bredouillé. Martia, Chédi, Lucius... ils m'ont aidée, ils se sont mis en danger pour moi... et maintenant...

– Oui.

Il me cajolait comme un petit enfant.

– Je vais partir, m'a-t-il annoncé au bout d'un moment. Je vais retourner chez moi, en Gaule. J'ai trouvé un capitaine qui fait voile vers Massilia; il me prendra à son bord en échange de mon travail.

Je n'en croyais pas mes oreilles.

– Tu vas partir? Tu vas... m'abandonner, toi aussi?

Tarvos a secoué la tête.

– Bien sûr que non. Tout est arrangé avec le capitaine : tu peux venir avec moi, si tu veux.

– Avec toi ? En… en Gaule ? Mais je ne connais personne, là-bas !

Un sourire a illuminé ses traits.

– Tu me connais, moi. Et je suis sûr que tu plairas à ma mère. Elle vit près de Lugdunum, dans une petite vallée fertile. Tu aimeras notre maison, et le large fleuve qui coule à proximité. C'est une terre aimable, couverte de forêts profondes.

Il a saisi ma main et l'a serrée.

– Tu m'as dit que les tiens étaient morts. Si tu retournes en Grèce, qui prendra soin de toi ? Et ici… il y a trop de souvenirs douloureux. Viens avec moi, Briséis. Ma famille sera la tienne. Et plus tard, si…

Il a rougi et baissé les yeux.

– Si tu en as envie, comme moi, nous pourrions… eh bien…

J'avais compris. J'ai posé un doigt sur ses lèvres.

– Ne dis rien encore, ai-je chuchoté.

14 septembre
Me voici, une fois encore, sur le pont d'un navire qui va m'emporter vers l'inconnu. Tarvos, chargé d'un sac aussi lourd que lui, a disparu dans la cale avec les portefaix. Les matelots s'affairent à la manœuvre. J'ai trouvé une place exiguë, entre deux rouleaux de cordages, et repris mes tablettes.

121

Je ne sais comment j'ai réussi à ne jamais m'en séparer, ainsi que de mes instruments ; ils sont là, à côté de moi, enveloppés dans un tissu neuf. Mes seuls biens !

Là-bas, en Gaule, aimera-t-on la musique que je joue ?

Je porte une tunique usée, un châle reprisé : des vêtements d'occasion, dénichés par Publius chez un fripier. Il a voulu nous donner un peu d'argent, mais Tarvos a refusé.

Nous sommes pauvres, mais libres. Je commence à le comprendre. Après cette catastrophe, nul ne se soucie de savoir qui est esclave et qui ne l'est pas… et Afrikanus n'est plus là pour réclamer sa « marchandise »…

J'entends claquer la voile ; elle se gonfle, se tend, nous entraîne. Lentement, le bateau s'éloigne du quai. Sa proue fend les vagues couleur d'émeraude. Nous dépassons le môle ; les creux s'accentuent, un panache d'écume blanchit le ciel. Sur le port, les badauds font de grands signes. Je leur réponds, la main levée comme pour capturer le vent au creux de ma paume.

Adieu, terre de Campanie. Adieu…

Je touche mes joues et les trouve mouillées. Je ne savais pas que je pleurais.

Résolument, je tourne le dos à la ville.

Devant nous s'ouvre la pleine mer.

Mais alors que je cligne des yeux, éblouie par la lumière matinale, je sens un contact léger sur mon visage – comme le baiser d'un esprit. Puis un deuxième. Un troisième.

Le vent porte des cendres. Légères, dansantes.

Les cendres de Pompéi.

Pour aller
plus loin

L'éruption du Vésuve

Extraits de deux lettres de Pline le Jeune sur l'éruption du Vésuve (traduction A.M. Guillemin).

Première lettre :

Vous me demandez de vous décrire la fin de mon oncle, pour pouvoir la transmettre avec plus de vérité à la postérité (…).

Il se trouvait à Misène et commandait la flotte en personne. Le neuvième jour avant les calendes de septembre, vers la septième heure, ma mère lui fait savoir qu'apparaît une nuée d'une grandeur et d'un aspect exceptionnels : (…) il demande ses chaussures et monte à l'endroit d'où l'on pouvait le mieux observer ce prodige. Montait une nuée (de loin on ne pouvait savoir de quelle montagne ; ensuite on sut qu'il s'agissait du Vésuve) ; elle ressemblait très exactement à un pin. De fait, étirée en une espèce de tronc, très long, elle se déployait dans les airs en rameaux ; je crois qu'elle avait été portée par un récent courant d'air, puis, quand celui-ci était retombé, la nuée, laissée seule ou vaincue par son propre poids, s'évanouissait en s'élargissant, blanche parfois, parfois grise et tachée, suivant qu'elle était chargée de terre ou de cendres.

Le phénomène parut à mon oncle important et digne d'être étudié de plus près : c'était l'attitude naturelle d'un savant. Il fait armer une galère liburnienne et me donne latitude de l'accompagner si je voulais, je lui répondis que je préférais travailler et lui-même m'avait donné un sujet que je devais traiter. Il sortait de chez lui quand il reçoit un mot de Rectina, femme de Cascus, effrayée du danger qui la menaçait : de fait, sa villa était placée en contrebas et elle ne pouvait fuir que par la mer, elle le suppliait de l'arracher à un sort si funeste. Mon oncle change d'avis et ce qu'il avait commencé par amour de la science, il l'accomplit par sentiment très élevé du devoir. Il fait sortir les quadrirèmes, s'embarque lui-même, décidé à secourir non seulement Rectina, mais bien des gens (…). Il se hâte vers la région que d'autres fuient, (…) le gouvernail droit sur le danger, si exempt de crainte que toutes les phases de cette catastrophe, tous ses aspects, dès qu'il les avait perçus du regard, il les dictait ou les notait lui-même.

Déjà de la cendre tombait sur les navires ; au fur et à mesure qu'ils approchaient, elle devenait plus chaude et plus dense ; déjà aussi des pierres ponces, des cailloux noirs, brûlés, éclatés par le feu se voyaient, déjà un bas-fond venait de surgir et les roches écroulées interdisaient le rivage. Il hésita un moment : reviendrait-il en arrière ? À son pilote qui le lui conseillait, il dit : « La Fortune favorise le courage ; mets le cap sur l'habitation de Pomponianus. » Ce dernier était à Stabies, séparé de lui par la moitié du golfe (…).

Pendant ce temps, le Vésuve brillait en plusieurs endroits de flammes très larges et de grandes colonnes de feu dont le vif éclat, la clarté étaient avivés par les ténèbres de la nuit. Mon oncle, cependant, pour calmer la crainte, répétait que c'étaient des feux abandonnés par des paysans pressés ou des villas laissées seules qui brûlaient. Il s'abandonna alors au repos et dormit d'un sommeil authentique. (…) Mais la cour d'où l'on accédait à sa chambre était déjà remplie de cendres mêlées de pierres ponces qui avaient élevé son niveau, au point que, si mon oncle restait plus longtemps dans sa chambre, il ne pourrait plus en sortir. Réveillé, il se lève, rejoint Pomponianus et les autres qui avaient veillé toute la nuit. Ils délibèrent en commun : faut-il rester dans la maison ou aller dehors ? De fait, les maisons chancelaient à la suite de fréquents et importants tremblements de terre ; ébranlées sur leurs fondations, elles semblaient osciller dans un sens puis dans l'autre. En plein air, d'autre part, on craignait la chute des pierres ponces, pourtant légères et poreuses : c'est cela que l'on préféra après comparaison des dangers. (…) Posant des oreillers sur leur tête, ils les attachent avec des linges ; cela leur servit de protection contre ce qui tombait.

Déjà le jour s'était levé partout, mais ici c'était la nuit, plus ténébreuse, plus épaisse que toutes les autres nuits ; cependant, des rougeoiements nombreux et des lumières variées l'adoucissaient. On décida de se rendre sur le rivage et de voir de près s'il était possible de prendre la mer ; maintenant encore, elle demeurait grosse et contraire. Là, reposant sur un linge étendu, mon oncle demanda de l'eau à plusieurs reprises et en but. Ensuite, les flammes et l'odeur de soufre qui les annonçait, font fuir ses compagnons et le réveillent. S'appuyant sur deux jeunes esclaves, il se leva et retomba aussitôt. À ce que je suppose, la fumée trop épaisse lui obstrua la respiration et lui ferma le larynx que, de nature, il avait faible, étroit, et fréquemment oppressé. Quand le jour revint (c'était le troisième depuis celui qu'il avait vu pour la dernière fois), son corps fut trouvé intact, en parfait état, et couvert des vêtements qu'il avait mis à son départ. (…)

Seconde lettre :
(…)
C'était déjà la première heure du jour et la lumière était encore incertaine et presque malade ; déjà les bâtiments se lézardaient, et bien que nous fussions à l'air libre, l'étroitesse du lieu nous faisait craindre de grands et inévitables dangers en cas d'écroulement. C'est alors seulement que nous décidâmes de quitter la ville ; une foule suit, consternée ; et – dans la frayeur on retrouve une sorte de sagesse – elle préfère la décision d'autrui à la sienne propre ; une immense colonne presse et pousse ceux qui partent. Une fois dépassée la zone des bâtiments, nous nous arrêtons, et là, nous éprouvons bien des surprises, bien des effrois. En effet, les voitures que nous avions fait amener, bien que le terrain fût parfaitement plat, étaient entraînées dans des directions opposées, et, même calées par des pierres, ne restaient pas en place. De plus, nous voyions la mer se retirer comme si elle était repoussée par les secousses. En tout cas, le rivage avait gagné sur la mer et retenait, sur le sable mis à sec, bien des animaux marins. De l'autre côté,

une nuée rouge et effrayante, déchirée par les zigzags rapides et scintillants d'un souffle de feu, s'entrouvrait, formant de longues flammes, semblables à des éclairs mais plus grandes.

(…) Peu de temps après, la nuée descend sur la terre et couvre la mer : elle avait enveloppé Capri et l'avait dérobé à la vue et elle cachait le promontoire de Misène. Alors ma mère de me prier, de m'exhorter, de m'ordonner de fuir par tous les moyens : je le pouvais, moi qui étais jeune, pour elle, alourdie par l'âge et par l'embonpoint, elle mourrait contente si elle n'était pas la cause de ma mort ; moi, par contre, je lui répondis que je ne me sauverais qu'avec elle. Alors, je lui pris la main et la forçai à presser le pas. Elle obéit à contrecœur et s'accuse de me retarder. À ce moment, chute de cendres, cependant encore clairsemées. Je me retourne : un brouillard noir et épais nous menaçait par-derrière et nous suivait à la façon d'un torrent se répandant sur le sol. « Faisons un détour, dis-je, tant que nous y voyons, de peur d'être renversés sur la route et d'être écrasés dans les ténèbres par la foule de ceux qui fuient avec nous. » À peine étions-nous assis que voici la nuit, non pas une nuit sans lune par temps nuageux, mais celle que l'on a en un endroit fermé, toute lumière éteinte. On entendait les gémissements des femmes, les vagissements des bébés, les cris des hommes ; les uns cherchaient de la voix leurs père et mère, d'autres leurs enfants, d'autres leurs épouses, tâchaient de les reconnaître à la voix. Certains déploraient leur propre malheur, d'autres celui des leurs ;

130

il y en avait qui par crainte de la mort appelaient la mort, beaucoup tendaient leurs mains vers les dieux, plus d'un expliquait qu'il n'y avait plus nulle part de dieux, que cette nuit éternelle était la dernière du monde. Il ne manqua pas de gens pour accroître les dangers réels par des terreurs feintes et mensongères. Il arrivait des gens qui annonçaient qu'à Misène tel édifice s'était écroulé, que tel autre brûlait : c'était faux, mais il y en avait pour le croire. Une faible clarté reparut, elle nous paraissait non pas la lumière du jour, mais le signe de l'approche du feu. Le feu, du moins, ne s'avança pas bien loin ; à nouveau les ténèbres, à nouveau la cendre, abondante et lourde. Nous nous levions de temps en temps pour la secouer, sinon nous en aurions été couverts et même écrasés sous son poids. (...)

Enfin le brouillard noir s'atténua et s'évanouit à la façon d'une fumée ou d'une nuée ; bientôt la véritable lumière du jour, le soleil enfin brilla ; cependant, il était livide, comme au moment d'une éclipse. Aux yeux encore tremblotants, tout s'offrait sous un nouvel aspect, couvert comme de neige d'une épaisse couche de cendre. (...)

Pompéi

« Dix-sept siècles environ avaient passé sur la cité
de Pompéi avant qu'elle sortît, toute brillante encore
des couleurs de la vie, du fond de sa tombe silencieuse, avec ses murs frais comme s'ils étaient peints
de la veille ; la riche mosaïque de ses pavés dont
aucune teinte ne s'était effacée ; dans son forum des
colonnes à moitié achevées, telles qu'elles avaient
été laissées par la main de l'ouvrier ; dans ses jardins
les trépieds des sacrifices ; dans ses salles le coffret
où s'enfermaient les trésors... »

L'émotion suscitée par la découverte des ruines
de la cité romaine, ensevelie sous les cendres du
Vésuve, affleure dans cette description d'Edward
George Bulwer, lord Lytton, au terme de son célèbre
ouvrage, *Les Derniers Jours de Pompéi*. Sur les pentes
du volcan, la vie s'est, en effet, arrêtée subitement,
le 24 août 79.

Lorsque, en 1748, ont commencé les fouilles, il
n'a pas été nécessaire, du moins dans un premier
temps, de dégager couche après couche les vestiges
successifs d'une longue occupation humaine afin d'en
restituer les étapes ; il s'agissait d'exhumer une cité
figée, saisie telle qu'elle était le jour de sa dispari-
tion, réveillée comme une belle au bois dormant.
Les ruines de Pompéi trouvent leur pouvoir de fas-
cination dans cet extraordinaire paradoxe : la vie
y palpite encore mais se donne à voir au moment

même où le cataclysme la fauche pour toujours. Les archéologues ont mis au jour les fresques aux couleurs éclatantes des belles demeures patriciennes à péristyle, les boutiques ouvrant sur la rue, les *graffiti* sur les murs, les temples, la basilique, le vaste forum, les thermes et les théâtres ; ils ont sorti du sol des dizaines de milliers d'objets de la vie quotidienne mais, en coulant du plâtre dans des cavités où gisaient des squelettes, ils en ont aussi extirpé le moulage des corps autour desquels les cendres ont durci, des corps dans la position même où la mort les a surpris.

Une vieille cité que Pompéi, fondée au VIe siècle av. J.-C., redessinée vers 300 par les Samnites après leur soumission à Rome. Une cité active et prospère en bordure de ce golfe de Naples où les riches citoyens de *l'Urbs* aiment en ce premier siècle de notre ère à venir séjourner dans de luxueuses villas.

Les 15 000 habitants de cette ville moyenne tirent parti d'un terroir fertile qui leur permet de se livrer à toutes sortes de spéculations agricoles, notamment et surtout la vigne : le vin produit ici se vend dans la capitale comme en Gaule, il est expédié dans des amphores fabriquées par des ateliers de la cité. La proximité du grand port de Pouzzoles, infiniment plus important que celui de Pompéi, stimule le commerce qui pousse ses ramifications jusqu'en Égypte et en Afrique du Nord.

La cité connaît un premier cataclysme le 5 février 62. Un tremblement de terre met à bas ou lézarde nombre d'édifices. Il faut reconstruire, et la ville, quelque peu désertée par ses élites, voit affluer les ouvriers – libres ou esclaves.

Pompéi est loin d'avoir pansé ses plaies lorsque survient l'ultime désastre, le 24 août 79, immortalisé par la description de Pline. En quelques heures, une grêle de pierres blanches et une pluie de cendres brûlantes recouvrent la cité.

Dans les jours qui suivent, certains survivants tenteront de retrouver une partie de leurs biens en revenant creuser sur les lieux où s'élevaient leurs demeures. On cherchera aussi, plus méthodiquement, à récupérer pierres et marbres de la cité. Rapidement pourtant, l'oubli l'emporte.

On peut en guise d'épitaphe se souvenir de ces quelques mots du poète Martial : « Voilà ce Vésuve hier encore ombragé de pampres verts ; ses grappes renommées se pressaient dans les cuves humides ; voilà ces coteaux, plus que les collines de Xysa, chers à Bacchus. (…) Ce fut une demeure plus douce à Vénus que Lacédémone ; ce lieu fut illustré par le nom d'Hercule. Tout s'est abîmé dans les flammes, tout est recouvert d'une cendre grise et les dieux voudraient n'avoir pas eu une telle puissance. »

Quelques dates

VIᵉ siècle av. J.-C. : les Grecs fondent une colonie à Pompéi, sur l'emplacement d'un petit village osque. Cette cité sera un temps occupée par les Étrusques.

Vᵉ siècle av. J.-C. : conquête de la ville par les Samnites qui redessinent la cité vers 300 av. J.-C.

90 av. J.-C. : les cités samnites – dont Pompéi – se soulèvent dans le cadre de la « guerre sociale ». Les légions de Sylla auront raison de la révolte mais, en définitive, toute la péninsule italienne recevra le droit de citoyenneté romaine que réclamaient les insurgés.

59 ap. J.-C. : rixe entre Pompéiens et Nucériens lors d'un spectacle de gladiateurs. Tacite relate ainsi l'affaire : « Un incident futile provoqua un affreux massacre entre les colons de Nocera et ceux de Pompéi ; ce fut pendant un combat de gladiateurs donné par Livineius Regulus : comme il arrive d'ordinaire dans les petites villes, on échangea d'abord des quolibets sans retenue, puis des pierres et on finit par en venir aux armes. » Le Sénat prononça l'interdiction des combats de gladiateurs mais la sanction fut levée à la suite du tremblement de terre de 62.

5 février 62 : Pompéi subit un tremblement de terre qui provoque de grands dommages. Les habitants ne comprennent pas qu'il s'agit là d'un signe avant-coureur de la catastrophe d'août 79 : ils ignorent que le Vésuve est un volcan. Dans les années qui suivent, la cité ressemble à un vaste chantier. La reconstruction n'est pas achevée quand survient le cataclysme.

24 août 79 : éruption du Vésuve. Le cratère explose, projetant haut dans le ciel le bouchon de lave. Une colonne éruptive composée de cendres, de pierres ponces et de gaz s'élève jusqu'à 20 000 m de haut (deux fois et demie l'Everest…) : Pline compare sa forme à celle d'un pin parasol (on parle en conséquence aujourd'hui d'éruption « plinienne »). Retombe sur la cité une pluie de lapilli et de morceaux de pierre, dans une totale obscurité. Les toits des maisons s'effondrent sous le poids de ces projections cependant que l'incendie dévore la cité : quand ils ne sont pas ensevelis, les habitants sont instantanément brûlés par la chaleur et les cendres incandescentes. Le lendemain matin, des coulées de gaz et de roche en fusion achèvent d'ensevelir Pompéi. Le bilan est d'au moins 2 000 morts pour cette seule cité, peut-être dix fois plus si l'on considère l'ensemble des victimes provoquées par l'éruption. Nombre d'archéologues et d'historiens pensent aujourd'hui que l'éruption n'eut pas lieu en août mais en novembre. Pour preuve le fait que l'on ait retrouvé de grandes jarres contenant du vin tout juste pressé… Le déroulement de la catastrophe ne s'en trouve pas modifié pour autant.

1738 : début des fouilles à Herculanum, cité voisine.

23 mars 1748 : début officiel des fouilles à Pompéi.

1833 : Edward George Bulwer, lord Lytton, visite le chantier. Il publie, l'année suivante, *Les Derniers Jours de Pompéi*. Le cinéma en offrira de multiples adaptations, dont celle de Carmine Gallone, sans doute la plus fameuse (1926).

Glossaire

atrium : cour intérieure d'une demeure

aulos : flûte grecque à hanche

caupona : taverne

Charon : passeur des Enfers qui fait traverser les rives du Styx aux morts

colum : passoire

Déméter : déesse grecque de la Fertilité et de la Moisson

dolia : grandes jarres

édile : magistrat en charge de l'administration municipale

Éros : dieu grec de l'Amour

férule : badine avec laquelle le maître d'école punit les élèves

forum : place publique romaine, cœur économique, social et politique de la ville

fullonica : échoppe où l'on lave le linge

Furies : divinités romaines des Enfers

gynécée : appartements réservés aux femmes

insula(e) : immeuble(s)

Isis : déesse égyptienne de la Vie, prisée des Romains et des Grecs

Jupiter : dieu des dieux, équivalent romain de Zeus

lanternarius : assistant du peintre public, chargé d'éclairer les murs

latrines : toilettes

leno : marchand d'esclaves

lupanar : établissement de prostitution
Massilia : Marseille
palestre : lieu d'entraînement des athlètes
patriciens : citoyens romains appartenant à la classe dominante, en opposition aux plébéiens
péristyle : galerie couverte bordée de colonnes
procurator : intendant responsable des esclaves
salve lucrum : « gloire au gain »
stade : unité de longueur équivalant à environ 180 m
stola(e) : robe(s) longue(s) et plissée(s)
strigile : racloir servant à nettoyer la peau
synthesis : costume porté lors des festins
tablinum : pièce de la maison servant de bureau
thermes : bains publics comprenant l'*apodyterium* (vestiaire), le *tepidarium* (salle tiède), le *sudatorium* (sauna), le *caldarium* (pièce réservée aux bains chauds) et le *frigidarium* (pièce pour les bains froids)
Vulcain : dieu romain du Feu

Des livres et des films

À lire
Les Derniers Jours de Pompéi, par Edward Bulwer-Lytton, Le Livre de poche
Pompéi, la cité ensevelie, par Robert Étienne, Découvertes Gallimard

À voir
Le Dernier Jour de Pompéi, de Peter Nicholson (en DVD) : un docu-fiction qui retrace heure par heure le dernier jour des deux cités enfouies, Pompéi et Herculanum.

À consulter
Un site pour découvrir les *graffiti* de Pompéi :
http://www.noctes-gallicanae.fr/Pompeii/Pompeii.htm
L'université de Virginie (en anglais) propose une visite virtuelle des principaux sites de la ville :
http://pompeii.virginia.edu/images/b-w/levin/small/levin.html

Christine Féret-Fleury

L'auteur

Christine Féret-Fleury est l'auteur de plus de quatre-vingts livres pour la jeunesse, mais aussi de romans pour adultes et d'anthologies. Dans la collection Mon Histoire, elle a publié *S.O.S. Titanic*, *Le Temps des cerises*, *Comédienne de Molière* et *La Chanteuse de Vivaldi*.

« Je rêve de Pompéi depuis mon enfance. En quel autre lieu peut-on mieux éprouver cette sensation d'avoir, pour de bon, remonté le temps ? Les fresques s'animent et prennent vie, les murs que nous frôlons portent l'empreinte ou l'écriture de mains retournées à la poussière depuis près de deux mille ans. Un oiseau lance son appel insistant : si je me retourne, je verrai Briséis disparaître à l'angle d'une maison. Comme ils nous semblent proches, ces tanneurs, ces boulangers, ces édiles, ces esclaves ! Comme leurs préoccupations, leurs rêves, leurs amours ressemblent aux nôtres ! Leurs fantômes amicaux nous enseignent que rien de ce qui est humain ne doit nous paraître étranger ; qu'à travers les siècles, les pays, les cultures, nous partageons tous le même héritage de passion, d'espoir et de peine. »

Mise en pages : Nord Compo

Loi n° 49-956 du 16 juillet 1949
sur les publications destinées à la jeunesse
Numéro d'édition : 347461
Premier dépôt légal dans la collection: août 2017
Dépôt légal: janvier 2019
ISBN 978-2-07-508701-8

Imprimé en Espagne par Novoprint (Barcelone)